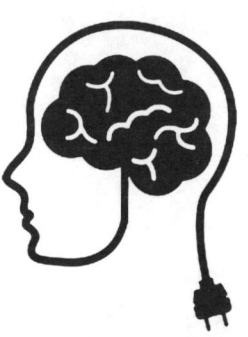

LUCAS SANDER

O PODER DE RESSIGNIFICAR
APRENDA A TRANSFORMAR A SUA MENTE

Todos os direitos deste livro são reservados pela Editora Quatro Ventos.

Proibida a reprodução por quaisquer meios, salvo em breves citações, com indicação da fonte.

Editora Quatro Ventos
Rua Liberato Carvalho Leite, 86
(11) 3230-2378
(11) 3746-9700

Todas as citações bíblicas e de terceiros foram adaptadas segundo o Acordo Ortográfico da Língua Portuguesa, assinado em 1990, em vigor desde janeiro de 2009.

Diretor executivo: Renan Menezes
Editora-chefe: Sarah Lucchini
Equipe Editorial:
Lucas Benedito
Christian Cavalcanti
Paula de Luna
Hudson Brasileiro
Rafaela Beatriz Souza
Revisão: Eliane Viza B. Barreto
Diagramação: Vivian de Luna
Capa: Vinícius Lira

Todo o conteúdo aqui publicado é de inteira responsabilidade do autor.

Todos os nomes citados são fictícios para a proteção dos envolvidos, salvo em casos de nomes reais autorizados legalmente pela própria pessoa citada.

Todas as citações bíblicas foram extraídas da Nova Versão Internacional, salvo indicação em contrário.

Citações extraídas do site https://www.bibliaonline.com.br/nvi. Acesso em outubro de 2020.

1ª Edição: Novembro 2020

Ficha catalográfica elaborada por Aline Graziele Benitez – CRB-1/3129

Sander, Lucas

O poder de ressignificar / Lucas Sander. - 1. ed.
- São Paulo : Editora Quatro Ventos, 2020.
208 p.

ISBN: 978-65-86261-71-4

1. Experiência de vida 2. Experiência religiosa
3. Memórias autobiográficas 4. Narrativas escritas
5. Narrativas pessoais I. Título.

CDD-920
20-45573

SUMÁRIO

INTRODUÇÃO 13

1. INFÂNCIA, PRIMEIROS PASSOS 19

2. DORES DO PASSADO 25

3. A DESCOBERTA DA DOENÇA 41

4. O FRUTO DOS PROCESSOS 51

5. DO DESENGANO À FÉ: PRIMEIROS PROCESSOS DE CURA 67

6. OS LADRÕES DA ALEGRIA 77

7. CIRURGIA E CURA 93

8. FOCOS DE DOR: OPORTUNIDADE OU PARALISAÇÃO? 109

9. O PLANO DE DEUS 123

10. O PRÓXIMO PASSO 139

11. "NO VALE, CARREGUEI VOCÊ NO COLO" 155

12. DEPENDÊNCIA OU MORTE 163

13. SUPERAÇÃO: O INSTITUTO SILDER 179

14. CICLO ETERNO 189

DEDICATÓRIA

Dedico este livro à minha esposa, Eliza Sander, e a todos aqueles que fizeram parte da nossa história de forma direta ou indireta.

DEDICATORIA

AGRADECIMENTOS

Quero agradecer primeiramente a Deus por ter me dado vida para escrever este livro.

Agradeço à minha mãe (*in memoriam*) por ter cuidado de mim nos momentos mais difíceis quando lutei contra o câncer. Ela esteve ao meu lado o tempo todo, por meses e meses, dentro de um hospital, mas sempre com um sorriso no rosto dizendo que daria tudo certo.

À minha querida avó, pois, no momento em que meu mundo desabou quando perdi minha mãe, ela esteve comigo, acolhendo a mim e meus irmãos.

Aos meus irmãos, Mateus e João Vitor. Louvo a Deus por suas vidas, pois são guerreiros que sobreviveram e ressignificaram a tempestade ao meu lado.

À minha esposa, Eliza Sander, que esteve comigo nas horas boas e ruins, sendo um alicerce em cada decisão tomada. Acredito que ao lado de um grande homem sempre existe uma grande mulher.

Aos nossos mentores espirituais, Cassiano e Simone Silva, que sempre estiveram comigo durante todo o processo que passei até chegar aqui.

Ao meu amigo Cleiton Pinheiro por ser a conexão direta com a Editora Quatro Ventos.

A toda equipe da Editora Quatro Ventos, principalmente ao Renan Menezes.

A todos aqueles que contribuíram para que este livro viesse ao mundo, seja na diagramação, capa, divulgação ou distribuição.

PREFÁCIO

[...] o choro pode durar uma noite, mas a alegria vem pela manhã. (Salmos 30.5 – ACF)

Acredito que esse seja um versículo bíblico que corrobora perfeitamente com a alma desta obra, já que a fé é uma das peças fundamentais para o processo de ressignificação. Temos a certeza de que existe um Deus [que, por sinal, é o nosso Pai] que nos guarda e não nos abandona independentemente da situação. Isso é essencial, pois abre os nossos olhos e gera uma grande segurança em nossos corações.

Muitos de nós já enfrentamos ou ainda enfrentaremos momentos de profunda dor, angústia, solidão e insegurança em nossas vidas. Porém, nada é definitivo, a não ser que permitamos que assim seja. Por isso, é crucial tomarmos as rédeas de nosso destino. Por mais árduo que seja o processo, está em nossas mãos decidir se vamos continuar, por noites intermináveis, lamentando nossas dores, ou se decidiremos desfrutar de cada nova oportunidade de vida que nos é presenteada todas as manhãs.

Por outro lado, sabemos como é difícil esperar, permanecer confiando no fim do sofrimento, na superação do trauma, ou ao menos conseguir visualizar a luz no fim do túnel quando tudo ao nosso redor nos diz que não. Mas isso é possível, sim! E quem fala com autoridade sobre isso é justamente quem já viveu esse processo.

Lucas Sander, através de sua experiência de vida, traz-nos o conhecimento de como gerar solução em meio aos desafios. Com a trajetória dele compartilhada aqui, você poderá encontrar chaves que irão desbloquear a sua mente e lhe ensinarão não somente a superar, mas a ressignificar tudo aquilo que o tem impedido de avançar.

O poder da ressignificação está agora em suas mãos, e isso fica claro a partir de uma história verídica, de uma pessoa que aprendeu desde muito cedo a superar obstáculos e vencer suas limitações. Desfrute deste conteúdo e aprenda você também o extraordinário poder de ressignificar.

ELIZA SANDER
Empresária, palestrante e
***CEO* do Instituto Chosen**

INTRODUÇÃO

Em um quarto de UTI, ouço o som de um aparelho que mede os batimentos cardíacos. O ruído indica um pulso ritmado, porém mais lento do que em outros dias. Infelizmente, sinto que a qualquer momento ela vai nos deixar. Aquele barulho parece seguir um compasso, como se também ditasse o fluxo dos meus pensamentos. A cada batida, uma memória surge em minha cabeça: penso em nossa vida juntos, em todos os momentos de dor e de superação, e me lembro do seu sorriso...

Por fim, minha última lembrança é a de segurar em sua mão e apertá-la um pouco mais forte. No fundo, minha expectativa era de que ela respondesse de volta, pressionando a minha mão na mesma intensidade. No entanto, é o alarme da UTI que dispara, preenchendo todo o quarto e me deixando preocupado. Logo, meu coração também acelera – é como se, dentro de mim, uma voz de criança dissesse: "Não, mãe, não vá! Fique!".

Apesar das nuances de dor, tudo aquilo já havia passado. Na verdade, essas lembranças foram despertadas pelo som do alarme do lugar onde eu estava, anunciando minha hora de entrar em cena. Abaixei a cabeça e mentalizei uma oração: "Obrigado, Senhor Jesus, pela minha vida e por tudo que passei. Que cada dia seja uma oportunidade para louvar e agradecer, à medida que me esforço para trabalhar pelo bem".

Através dessa prece, meu coração se enche de uma certeza: não importa o que as pessoas disseram ou deixaram de dizer. O real valor está naquilo que ouvimos de Deus e nas respostas que Ele nos dá mediante a fé. Ainda que, naquele instante, minha mente relembrasse das dores do passado – e da falta que minha mãe fazia –, em meu coração, eu sabia que ela estava bem!

Enquanto todos aqueles pensamentos invadiam minha memória, ao fundo, ouvi chamar pelo meu nome: "Lucas Sander". Ergui a cabeça com a confiança de que Deus me acompanhava. As minhas palavras eram e sempre serão fruto daquilo que aprendi em minha trajetória, uma vida que Ele me concedeu duas vezes.

De fato, quando olho para minha história, não consigo pontuar quando foi que o milagre começou. Talvez, porque Deus se fez presente em cada momento, sendo fiel mesmo quando eu não O conhecia direito. Foi Ele quem colocou um brilho dentro de mim e estabeleceu cada aprendizado pelo qual eu iria passar. O que para muitos poderia ser considerada uma trajetória de sofrimento ou mesmo a prova de que estamos sozinhos neste mundo, para mim é a comprovação de que todos nascemos com um propósito, que vai além de nossa compreensão. Tenho a plena convicção de que não teria a oportunidade de compartilhar minha história se a mão do Senhor não tivesse me sustentado e esse plano não fosse real.

Mais do que isso, percebo como cada dificuldade contribuiu para o que sou hoje. E isso não seria possível se eu encarasse meus problemas sem fé ou desacreditando dessa promessa. Na verdade, minha única alternativa foi reunir toda a dor acumulada por anos e ressignificá--la. Em outras palavras, transformar o que poderia ser a origem de mais sofrimento e tristeza no combustível que me faz querer avançar todos os dias.

Quem sabe, enquanto você estiver lendo as próximas páginas, considere minha vida trágica demais e não encontre uma relação com aquilo que você vive?! Mas pare por um momento e logo concluirá: todos nós temos nossos próprios calvários. Em diferentes medidas e intensidades, cada pessoa chegará no ponto em que batalhas serão travadas, seja externa ou internamente. Por isso, não despreze seus problemas, achando que eles não possuem valor ou não se equiparam à realidade dos outros.

Não falo sobre a exaltação das dificuldades, como se fosse gratificante sofrer. Mas sobre o fato de que sabemos, lá no fundo, que somente quando nossas forças se esgotam é que temos a chance de nos reinventarmos. Quando as opções humanas acabam e toda a lógica perde o sentido, temos a oportunidade de contemplar uma ação sobrenatural em nossas vidas. São os momentos em que o extraordinário acontece e somos surpreendidos pela solução exata dos dilemas que pareciam não ter uma resposta.

Por isso, meu intuito nas próximas páginas não é sensibilizá-lo com mais um romance ou uma simples ficção que você encontra aos montes por aí. Todavia, você verá, através daquilo que passei, como todos nós somos envolvidos por um Deus Criador que cuida de cada detalhe de nossa existência. Nas crises mais devastadoras, nas doenças incuráveis, nos diagnósticos improváveis, Ele deseja se apresentar como o caminho da salvação.

Que esta jornada não seja apenas mais um incentivo a novas atitudes ou somente um livro motivacional. Pelo contrário, que você compreenda profundamente o poder de dar novos significados às tragédias e perdas, absorvendo, no fim de tudo, como todos estamos matriculados em uma escola sobrenatural: cada dia, uma aula diferente; cada desafio, uma lição; e o professor, nosso Pai Celestial. Um aprendizado que nunca é concluído por completo, mas passa por constantes atualizações.

O primeiro passo, antes de tudo, é confiar. Hoje tenho a oportunidade de transmitir a milhares de pessoas um pouco do que aprendi em anos de luta; porque, lá atrás, decidi me entregar completamente à vontade d'Ele. Espero que você também possa dar esse passo de submissão. Eu garanto: tudo que o cerca ganhará uma nova razão de ser. Se você tomou essa decisão, que parece tão simples, um dos maiores processos de transformação da sua vida já começou! Portanto, descanse nessas palavras:

Por isso não desanimamos. Embora exteriormente estejamos a desgastar-nos, interiormente estamos sendo renovados dia após dia, pois os nossos sofrimentos leves e momentâneos estão produzindo para nós uma glória eterna que pesa mais do que todos eles. Assim, fixamos os olhos, não naquilo que se vê, mas no que não se vê, pois o que se vê é transitório, mas o que não se vê é eterno. (2 Coríntios 4.16-18)

CAPÍTULO 1

INFÂNCIA, PRIMEIROS PASSOS

Penso que a minha luta começou antes mesmo do meu nascimento, no ventre da minha mãe, Silvia, na esperança de que ela me aceitasse como seu filho. Meu pai biológico havia oferecido dez salários mínimos para que ela abortasse assim que a gravidez foi descoberta. Ele não queria assumir mais um bebê; não queria providenciar o sustento, muito menos estar presente, pois aquilo significaria deixar sua esposa e filhos por um caso qualquer e uma criança indesejada.

Diante daquela situação, minha mãe tinha duas opções: escolher a saída mais fácil e retirar a criança que carregava no ventre, ou levantar a cabeça e acreditar que o seu bebê era um presente de Deus. Felizmente, ela tomou a decisão mais sábia! Se o Senhor havia lhe dado aquele presente, então Ele também lhe daria capacidade para criá-lo. Ela disse não ao dinheiro, e sim à vida.

Passado o período de gestação, chegou o dia de dar à luz. Nasci na cidade de Campo Bom, interior do Rio Grande do Sul, o estado mais ao sul do Brasil, no ano de 1994. Fui filho único até os cinco anos de idade, quando nasceu meu irmão, Mateus. Quatorze anos depois, veio meu segundo irmão, João Vitor.

Com três filhos para sustentar, minha mãe teve de ser uma guerreira desde sempre. Silvia trabalhava muito, por isso nunca faltava nada em nossa casa. Eu e meus irmãos tínhamos tudo o que precisávamos. Mesmo assim, o dinheiro sempre estava no limite e nunca sobrava algum extra. Por vezes, percebia como o desejo de minha mãe era nos dar algo melhor, porém nos contentávamos com o necessário.

Apesar dessa realidade, nossa casa era um lugar tranquilo e amoroso. Cresci em meio a muito carinho e aconchego, mesmo quando percebia os olhares recriminadores de algumas pessoas próximas ou familiares, que condenavam minha mãe por ter tido tantos filhos e continuar solteira. Ninguém fazia essas críticas diretamente. Mas, com certa frequência, ouvia comentários infelizes, alguns até em relação à minha situação de filho bastardo. Mesmo assim, contra tudo e todos, nosso lar permanecia unido. Silvia era mãe e pai ao mesmo tempo, e isso me blindava de todas essas ofensas.

Quanto ao meu pai, tive poucas notícias ao longo da vida. Para ser sincero, eu o vi apenas algumas vezes passando por mim na rua. Infelizmente, as poucas informações que eu tinha sobre ele eram ruins. Era político e havia sido preso por envolvimento com corrupção, algo que foi veiculado até mesmo na televisão. No entanto, eu não podia deixar essas coisas me influenciarem.

Com a realidade do meu cotidiano – e, talvez, como uma válvula de escape –, dentro de mim, sempre tive vontade de ajudar pessoas. Ainda pequeno, quando via as outras crianças brincarem e se divertirem, às vezes, me achava estranho, porque o meu maior desejo era prosperar. Sem ter a mínima ideia disso naquela época, eu já queria ser um empreendedor.

Aos 11 anos, comecei trabalhar a com *internet* e desenvolver *sites*. Como falei, meu sonho sempre foi crescer na vida. Eu precisava ser o melhor em tudo, estar à frente das outras pessoas. Na escola, gostava de ser o aluno que terminava as atividades em primeiro lugar, tanto nos trabalhos em grupos quanto nas brincadeiras e nos estudos mais simples. O lazer não era a minha primeira escolha. Eu olhava para a tela do computador a todo o momento não para passar o tempo, mas para aprender mais sobre a *internet* e coisas relacionadas à tecnologia.

Sempre alimentei uma grande vontade de fazer algo que pudesse alcançar muitas pessoas. Tinha o hábito de elaborar vários projetos e contar todos eles para a minha mãe. Ela sorria e sonhava junto comigo. Pensávamos em como seria bom ter uma casa nova, em sermos donos de grandes empresas e em como eu poderia impactar vidas através do meu trabalho. Por vezes, ela passava a mão na minha cabeça e dizia que tudo ia dar certo; falava que eu era uma bênção de Deus.

Olhando para esse cenário, é fácil perceber como as coisas se encaminhavam na contramão daquilo que o meu histórico apontava. Muitas pessoas acreditavam que eu tinha tudo para ser uma pessoa totalmente errada, alguém que escolheria viver na marginalidade, ser um criminoso. Ou então que me tornasse uma pessoa que daria desculpas mediante ao meu fracasso, motivado por marcas e traumas da infância. Contudo, com a criação e o exemplo que tive desde cedo, era impossível perder a fé. De um lado, observava apenas descrédito e julgamento; do outro, dentro de casa, contemplava uma mãe esforçada, trabalhando duro para sustentar três crianças, enquanto ainda mantinha uma dedicação sem reservas a Deus. Silvia, meu maior referencial, havia escolhido o caminho difícil, e lutou todos os dias por mim, ensinando-me sobre o perfeito amor de Deus.

Pode parecer estranho dizer algo assim, mas foi exatamente esse ambiente difícil e, na mesma medida, afetuoso que formou o meu caráter. Ainda criança, tinha um sentimento de que algo aconteceria na minha vida, como se houvesse um plano maior para mim, algo superior reservado. Com olhos naturais, podia ver um quarto vazio, uma aparente solidão. Todavia, lá no fundo, havia algo diferente: uma Voz que sussurrava o meu futuro. Eu não entendia, mas Deus já havia estabelecido um propósito divino antes mesmo do meu nascimento. Cada momento que parecia impossível era uma pitada do que Ele ainda iria fazer.

Acredito que nenhum prédio, projeto ou negócio nasce antes de ser arquitetado com uma finalidade. Tudo o que existe foi desenvolvido para ser utilizado e servir de solução em determinada área. Deus é assim! Antes de você nascer, Ele havia feito um projeto arquitetônico que se chama propósito divino, relacionado à sua existência. Em outras palavras, você veio à Terra com um propósito. Você tem noção do quanto sua vida é importante? Quantas pessoas podem estar esperando algo de você? A sua existência pode ser o remédio e a solução para muitas situações, pois fomos projetados por Aquele que tudo vê antes mesmo de existir!

Entretanto, ter consciência dessa realidade pode ser um grande desafio quando somos marcados ao longo de nossa vida. Quantas vezes alguns traumas causam em nós uma dor profunda, que se perpetua por anos e anos? Apenas ressignificando certas situações e encontrando o aprendizado nos momentos de dificuldade é que podemos cumprir, de forma plena, a vontade de Deus. E a mudança começa pela observação desses pontos sensíveis, afinal só conseguimos mudar aquilo que identificamos.

Pare por um instante e reflita se você tem carregado dores do passado ou se está sentindo alguma neste exato momento. Depois disso, escreva um pouco sobre essa questão.

_____

_____

_____

_____

_____

_____

_____

_____

_____

_____

_____

_____

CAPÍTULO 2

DORES DO PASSADO

Você sabe andar de bicicleta? A resposta a essa pergunta tão simples é muito interessante, pois dividirá os leitores em dois grupos basicamente: quem sabe e quem não sabe se equilibrar sobre duas rodas. Aliás, pode não parecer, mas esse tema gera debates não apenas entre crianças e pré-adolescentes, mas também entre adultos de diferentes gerações e origens.

Para muitas pessoas [acredito que a maioria daqueles que já passaram dos 20 anos], talvez, andar de bicicleta tenha sido uma das sensações mais divertidas ao longo da vida. Quem sabe, alguns tiveram a oportunidade de percorrer as ruas do bairro junto aos amigos nas tardes dos períodos de férias, apostaram corridas entre si ou simplesmente pedalaram sem um destino estabelecido?! Já outros ficarão um pouco pensativos sobre esse tema, questionando o porquê de nunca terem aprendido a controlar o guidão e, assim, avançar os primeiros metros sem a ajuda de rodinhas ou algum parente. Há quem nem mesmo tenha tido uma bicicleta, por alguma questão financeira ou por medo dos pais.

Independentemente do grupo em que você se encaixe, com certeza, já ouviu sobre várias histórias e técnicas para ensinar alguém a andar de bicicleta. No caso de muitos conhecidos meus, a estratégia era sempre a mesma: um adulto segura a bicicleta da criança por trás e pede que ela comece a pedalar. A menina ou menino, morrendo de medo de cair, sempre tenta conversar com quem está segurando o brinquedo, checando se a pessoa ainda está ali. Depois de um tempo, esquece-se do adulto e continua pedalando, até que olha para trás e vê que já está muito distante de seu instrutor. Sem perceber, ela aprendeu a andar de bicicleta. No entanto, algo importante não foi ensinado: como frear.

De repente, aparece uma curva lá na frente e a criança se desespera. Afinal, correr livremente é muito bom, mas uma hora é necessário parar. Porém, como fazer isso? E, assim, o inevitável acontece: uma queda inesperada que, no melhor dos cenários, vai produzir alguns arranhões e hematomas. De uma hora para outra, o momento de alegria transforma-se em uma experiência de dor. A brincadeira perde a graça, e todo o foco vai para o novo ferimento. Então, o adulto vem correndo, pega a criança no colo, lava o local do machucado, faz um curativo, e logo a situação está resolvida.

A partir daí, existem duas coisas muito prováveis que podem acontecer: uma desistência total da vontade de andar de bicicleta ou o surgimento de um desejo profundo de que aquela dor passe logo e seja possível voltar ao brinquedo e continuar se divertindo. Nas últimas linhas, eu utilizei o exemplo da bicicleta, mas você pode pensar em diversas outras circunstâncias normais da vida que possuem essa característica de nos colocar em uma situação em que temos de decidir superar algo difícil ou nos deixar paralisar por uma dor.

E essa escolha, que parece tão pequena, pode ser o fator decisivo para que um trauma seja gerado e paralise a pessoa de continuar tentando, ou para que uma oportunidade de superação apareça. Nesse sentido, é preciso dizer que nem sempre conseguimos seguir adiante com as nossas dores e inseguranças. Mesmo entre idosos, não é difícil encontrar alguém que tenha sido marcado por alguma situação do passado.

Acontece que, diante dessas situações, sem que percebamos, eu e você nos colocamos em um desses dois grupos: aqueles que fizeram ou aqueles que deixaram de fazer. E quando nos encontramos nessa segunda categoria em alguma área de nossas vidas, sempre tentamos achar um motivo para que as coisas não tenham acontecido: a razão de aquilo ter nos traumatizado em algum grau e nos impedido de avançar. E é aí que temos a impressão de que estamos totalmente impotentes diante do nosso trauma, e nos perguntamos: "Como foi que eu vim parar nessa situação?".

Em primeiro lugar, as dores do passado não possuem essa aparência terrível no começo, por isso só temos consciência do quanto uma experiência traumática nos marcou com o passar do tempo. Entretanto, é necessário que busquemos perceber o quanto antes se alguma experiência difícil que passamos é um trauma paralisante em potencial. Um bom indício para identificar que uma ferida foi aberta é avaliar se existe desconforto ao lembrar de uma data ou lugar específico. E isso é algo, muitas vezes, imperceptível e até inconsciente, mas nosso corpo e mente sempre dão sinais de que há algo de errado. Essa reação nada mais é do que um mecanismo de defesa, uma maneira que nosso organismo encontra para nos prevenir de que aquele evento anterior se repita, assim como afirma o seguinte estudo sobre inteligência emocional:

> O cérebro usa um método simples, mas astuto para registrar memórias emocionais com força especial: os mesmíssimos sistemas de alarme neuroquímicos que preparam o corpo para reagir a emergências de risco de vida com a resposta de lutar ou fugir também gravam fortemente na memória o momento de intenso estímulo emocional.[1]

Em outras palavras, ao registrarmos uma situação estressante ou dolorosa, já nos preparamos quase

---

[1] GOLEMAN, Daniel. **Inteligência emocional**. Rio de Janeiro: Objetiva, 1996.

inconscientemente para reagir a qualquer sinal de que aquilo possa acontecer de novo. Em minha opinião, essa característica tão especial de cada pessoa que nos leva a analisar e distinguir os aprendizados e prejuízos de todas as experiências é um atributo divino. Teremos bastante tempo para discutir essa questão nos próximos capítulos, mas você precisa compreender desde já como todos nós fomos criados para amadurecer e dar testemunho por meio de uma vida irrepreensível, e, para isso, recebemos algumas ferramentas de amadurecimento, como a que tratamos acima. Creio que um dos versículos que melhor sintetiza essa ideia está no livro de Efésios:

> Até que todos alcancemos a unidade da fé e do conhecimento do Filho de Deus, e cheguemos à maturidade, atingindo a medida da plenitude de Cristo. O propósito é que não sejamos mais como crianças, levados de um lado para outro pelas ondas, nem jogados para cá e para lá por todo vento de doutrina e pela astúcia e esperteza de homens que induzem ao erro. Antes, seguindo a verdade em amor, cresçamos em tudo naquele que é a cabeça, Cristo. (Efésios 4.13-15)

Sim, nosso propósito é crescer e amadurecer plenamente na Verdade, e que melhor jeito existe de chegar a esse objetivo do que com erros e acertos? Assim como uma criança que inicia seu aprendizado sobre uma bicicleta andando desequilibrada, nós também avançamos na vida por meio de tropeços e vitórias. Nesse sentido, nosso Deus é tão perfeito que não deixa nenhum acontecimento passar batido. Mesmo quando não conseguimos enxergar com bons olhos alguma situação, Ele nos mostra quantas lições podem ser absorvidas a partir dela. Por isso, é tão importante que sejamos sensíveis e atentos para identificar diferentes tipos de dor e circunstâncias que possam criar em nós raízes profundas, boas ou ruins.

UM PROBLEMA NOS ALICERCES

A dor psicológica [talvez a pior de todas elas] é aquela que nos tortura, chegando ao ponto de nos transmitir sensações físicas. Quando perdemos um ente querido ou somos rejeitados pela pessoa que amamos, por exemplo, não existe nenhuma fonte de dor palpável. No entanto, ninguém que tenha passado por algo assim consegue negar que o corpo responde de alguma maneira. Há quem chore, desmaie ou perca as forças completamente, beirando um estado de exaustão.

Mesmo quando não sentimos nada na pele, abre-se um vazio no peito, que é preenchido de forma invisível, ocupando nossas mentes com questionamentos, ansiedades, dúvidas e vários outros males. O coração se corrói como se, naquele instante, nada pudesse resolver aquela situação. E, o pior, quando o tempo passa e a dor permanece, chegamos até a deixar de fazer aquilo que mais gostamos e nos isolamos totalmente. Em casos mais sérios, uma pequena decepção pode ser o estopim para um sofrimento enorme, levando, até mesmo, a quadros de depressão e suicídio.

É impressionante como sentimentos e experiências podem levar a dores profundas que nos aprisionam até mesmo por anos! Só de pensar nisso precisamos até respirar fundo. Mas, dando alguns passos atrás no que já vimos aqui sobre o tema, conseguimos ter uma visão geral sobre esse dilema e, logo, encontramos um padrão. Pense comigo: até que ponto sofrer é normal? E aqui não falo de uma tristeza momentânea, mas um sentimento que se prolonga por dias, semanas, meses, ou mesmo anos. A meu ver, a resposta está na estrutura do problema. Infelizmente, temos enfrentado um *deficit* em nossos alicerces emocionais, o que tem dificultado o jeito como encaramos as dificuldades e os seus reflexos em nossas vidas.

Se a pessoa em sofrimento conseguisse identificar, lá no início, que aquela condição não levaria a lugar algum, talvez todo o resto fosse evitado. Mas isso seria um cenário perfeito, em que todos os indivíduos teriam plena consciência dos seus sentimentos e limites. Um discurso muito lindo de se defender e, para muitas pessoas, um objetivo a ser alcançado a cada dia. Porém, sejamos sinceros por um instante, quantos de nós, por mais plenos e conhecedores de si mesmos, temos a capacidade de fazer esse julgamento em meio à crise? É muito raro que consigamos manter certa frieza e seriedade diante de problemas que afetam diretamente nossos pontos sensíveis. Muito pelo contrário; um breve diagnóstico de nós mesmos, nossos círculos familiares e de amigos nos mostra o quanto estamos cercados pelo descontrole mental e emocional.

Mas, antes que o desespero tome conta e caiamos no erro de pensar que o mundo não tem mais solução, lembre-se: eu e você não somos mais reféns de nossas emoções, nem precisamos nos desesperar em meio a situações dolorosas. Ainda que sejamos feitos de carne e osso e sintamos, todos os dias, as dores causadas pelo pecado na humanidade, a oportunidade dada por Cristo nos retira dessa realidade terrível. Através da visão concedida pelo Reino de Deus, conseguimos ter uma percepção diferente sobre aquilo que poderia ser impossível. E não só isso, como temos a solução pela qual a Terra clama: dentro de nós está a verdade do Evangelho, a porta para uma mudança de mentalidade a todo aquele que crer.

No entanto, mesmo com essas informações sobre a mesa, chegamos ao cerne de toda a nossa discussão: por que, então, as dores do passado persistem? Afinal, se esse é um problema crônico e nós, discípulos de Cristo, temos a resposta precisa, qual o motivo das coisas não se resolverem tão facilmente? E para compreender isso, basta que façamos um exercício de humildade, reconhecendo o quanto ainda precisamos ter consciência daquilo que carregamos. É somente quando essa verdade passa de belas palavras que amamos repetir para um fato que habita em nossos corações que tudo muda. Mas, mesmo sendo aparentemente "simples", está muito longe de ser algo fácil. E não pense que é só você que tem essa dificuldade, pois até os grandes heróis da fé têm seus momentos de se deixar paralisar pela dor.

Um ótimo exemplo disso encontra-se na história do profeta Elias. Se você já ouviu falar dele, com certeza, conhece sua fama de ser um homem que tinha uma intimidade profunda com Deus e, por isso, possuía uma autoridade espiritual fora do comum. Entre os episódios mais lembrados de sua vida, podemos citar a profecia que ele proferiu a respeito de uma seca que durou mais de três anos, na qual não choveria uma gota d'água durante esse período (cf. 1 Reis 17). Entretanto, após esse e outros sinais gloriosos, ele despertou a fúria de seus inimigos, em especial, da rainha Jezabel.

Trazendo um breve contexto sobre essa mulher, Jezabel não nasceu em Israel, mas, mesmo vinda de uma nação estrangeira, casou-se com o rei da época, Acabe (cf. 1 Reis 16.31). Com ela, também vieram seus costumes religiosos, que incluíam a adoração ao deus pagão Baal. Graças a Jezabel, esse culto foi introduzido no meio do povo de Deus, provocando um choque entre as culturas e, no fim, uma perseguição contra os profetas do Senhor. Como Elias era o maior profeta daquele tempo, foi ameaçado de morte pela rainha. E esse foi o início de um interessante processo em sua vida.

O homem que antes profetizava sem medo sobre a vontade do Senhor e demonstrava, com sinais visíveis, sua intimidade com Deus, agora estava amedrontado. Após saber da sentença de Jezabel sobre ele, sua atitude foi apenas uma: correr e se esconder. Mas, depois de quarenta dias de fuga, Elias chegou ao monte Horebe e foi surpreendido por uma forte manifestação do poder do Altíssimo:

> O Senhor lhe disse: "Saia e fique no monte, na presença do Senhor, pois o Senhor vai passar". Então veio um vento fortíssimo que separou os montes e esmigalhou as rochas diante do Senhor, mas o Senhor não estava no vento. Depois do vento houve um terremoto, mas o Senhor não estava no terremoto. Depois do terremoto houve um fogo, mas o Senhor não estava nele. E depois do fogo houve o murmúrio de uma brisa suave. (1 Reis 19.11-12)

Caso você não conheça esse acontecimento da vida de Elias, vale a pena conferir com calma tudo o que ocorreu após esse encontro sobrenatural em uma caverna. Entretanto, existe algo valioso nas entrelinhas desse texto, já que Deus escolheu uma maneira peculiar de chamar a atenção do profeta. Em vez de aparecer como um anjo de luz, ou por meio de uma sarça ardente ou redemoinho, o Senhor esperou e decidiu falar com Elias apenas quando uma brisa suave tomou conta do ambiente.

Eu não sei se você percebeu, mas o que Deus fez talvez tenha quebrado totalmente as expectativas daquele homem, como também pode deixar algumas pessoas confusas depois dessa leitura. Mas eu creio que tudo isso tenha sido proposital para que Elias compreendesse verdadeiramente quem era o Deus que habitava dentro dele. Não uma força da natureza, capaz de mudar o clima ou mover montanhas, mas o próprio Criador de todas as coisas, presente mesmo quando Elias não via Suas manifestações. E quem sabe, seja isso que nos falte?!

Todos os dias, sem exceção, pedimos por confirmações de que Deus está conosco ou que Ele esteja fazendo algo dentro de nós. Quando olhamos para nossas dores, é comum que fiquemos esperando algo acontecer, quando a resolução já está liberada há muito tempo. Na realidade, ela nos acompanha por onde quer que andemos, mas apenas aqueles que possuem olhos espirituais e fé podem contemplá-la. Por meio de pessoas extraordinárias e ferramentas sobrenaturais, o Senhor nos habilita a não permanecermos como escravos dos medos, dos traumas e das angústias, transformando nosso interior por meio da ressignificação e da cura no corpo, na alma e no espírito.

DEIXANDO OS PESOS PARA TRÁS

Portanto, confessem os seus pecados uns aos outros e orem uns pelos outros para serem curados. A oração de um justo é poderosa e eficaz. (Tiago 5.16)

Como o apóstolo Tiago nos ensina [e eu creio que essa seja uma das mais eficazes maneiras de sermos curados], o acompanhamento por pessoas de nossa confiança é uma dessas ferramentas essenciais de cura que Deus nos proporciona. Ainda assim, muitos, quando leem esse versículo, enxergam o discipulado e os momentos de alinhamento como uma tortura. Entretanto, como o texto afirma, essa prática é a porta para que sejamos limpos.

Isso, porque as oportunidades que temos para abrir o coração e contar segredos para pessoas em quem confiamos e que possuem algum tipo de autoridade espiritual sobre nós retiram pesos que carregamos por anos e anos. São chances que temos para sermos sinceros sobre nossos medos, incertezas e traumas que nos marcaram profundamente. Quem sabe, problemas e pecados que enfrentamos hoje sejam consequências diretas dessas circunstâncias trágicas que vivemos, e estamos evitando a cura apenas por causa do receio de confessar nossas fraquezas?!

Nesse sentido, podemos ir além. Quantos irmãos e irmãs tornam-se fechados ao acompanhamento de um líder ou ainda a uma conversa com amigos e parentes por já terem sido decepcionados ao se exporem a alguém em quem confiavam? Por isso, é tão importante enxergarmos nessas pessoas sabedoria e sensibilidade para com aquilo que é compartilhado. Contudo, a solução nunca é desistir de se deixar curar por meio da confissão e do discipulado com alguém que leve você para mais perto de Deus.

Uma outra dica para abandonar esses fardos que tanto nos limitam é adquirir capacidade para enfrentar os problemas. Aprendi, por meio das várias experiências traumáticas que vivi durante minha infância, que encarar as dificuldades em vez de fugir delas é a melhor maneira de aprender com elas. Hoje consigo enxergar vários reflexos desse princípio nos processos de amadurecimento que passei e continuo experimentando. Porém, nada disso é possível sem a dependência total do Senhor ou sem que demos abertura para sermos tratados por Ele. Não tenho dúvidas de que se não fosse essa atitude de entrega, eu dificilmente chegaria ao lugar em que Deus me colocou hoje. E sobre esses ensinamentos, não poderia deixar de citar minha mãe como minha maior professora nesse aspecto.

Desde o momento em que escolheu manter a minha gravidez, ela rejeitou todos os indicativos contrários e preferiu abraçar o amor por seu filho. Na gestação dos meus dois irmãos, contra todas as expectativas, ela fez essa mesma escolha novamente. Não sei se ela tinha consciência desses fatos na época, mas, mesmo sem perceber, ela estava tomando a decisão de não carregar dores pelo resto da vida. O que para todos que a cercavam poderia ser mais uma dificuldade, para ela foi a chance de receber um presente dado por Deus.

Ainda que fosse uma mulher simples, ela foi uma referência em nosso lar. Antes mesmo que frequentássemos uma igreja e fôssemos acompanhados por algum pastor, minha mãe estava posicionada como nosso norte. Perdi a conta de quantas vezes compartilhei meus sonhos e incertezas sobre o futuro com ela, sendo respondido com palavras de incentivo e conselhos valiosos que eu não trocaria por nada. Quem sabe, em muitas ocasiões, era ela quem precisasse de um abraço ou de apoio emocional, mas preferiu transformar a dificuldade em sabedoria?!

Em situações assim, é preciso muita força para, depois de tantos golpes da vida, ressignificar os problemas e prosseguir na caminhada. E não falo isso apenas por se tratar da minha mãe, mas, sim, porque essa mentalidade, que está tão escassa em nosso meio, precisa ser parte definitiva de nós. Sei que muitas pessoas não conseguem ver as coisas dessa forma, mas sem essa característica, os traumas irão nos consumir. Muitos até iniciam o processo de cura, mas não conseguem resistir às constantes investidas e param no meio do trajeto.

No entanto, tudo é movido por escolhas, tanto a inércia como o milagre. Quando nossa decisão é alimentar a angústia e deixar que ela nos cegue, é impossível dar mais algum passo sem tropeçar e cair. Por outro lado, se neste exato momento você e eu escolhermos buscar a ressignificação em todos os nossos dilemas, veremos o sofrimento mais incômodo ser transformado em uma alegria sem limites.

No instante em que nos tornamos resilientes e aprendemos a colocar nosso foco naquilo que realmente importa, as crises são superadas. Isso mesmo, elas não deixarão de existir, porém terão um novo sentido. Com isso, damos uma chance a nós mesmos de trilhar um novo percurso e desfrutar das bênçãos que foram dispostas por nosso Pai celestial. Sem saber, a Silvia já me ensinava a cada dia que o primeiro passo para modificar meus julgamentos sobre a dor e, assim, ter coragem para não recuar era aceitar e sobreviver ao que é inevitável. Tudo passa, mesmo que, em meio à dor, não pareça haver luz no fim do túnel.

CAPÍTULO 3

A DESCOBERTA DA DOENÇA

Aos quatorze anos, eu tinha uma rotina um pouco diferente das outras pessoas da minha idade. Além de estudar pela manhã e reservar a parte da tarde para fazer algumas atividades complementares, como jogar futebol e handebol [algo que eu gostava muito], também possuía alguns trabalhos relacionados aos *sites* e à *internet*. No entanto, recordo com detalhes do dia em que tudo isso mudou completamente. Era uma manhã de inverno, fazia muito frio, mas isso não me deteve na cama. Levantei cedo, me arrumei, tomei um café e fui para a escola, que ficava a apenas dez minutos de caminhada. Eu sempre adorei estudar e conviver com os colegas de classe naquele ambiente. Minha disciplina favorita era [e ainda é] matemática!

Passado algum tempo que eu havia chegado ao colégio, por volta das nove horas, a professora de português pediu que fizéssemos um trabalho em grupo.

Logo, puxei a minha mesa e a cadeira para o fundo da sala, junto a outros colegas. Conversávamos sobre o que iríamos fazer. Estava segurando uma caneta na mão, escrevendo algumas coisas sobre o trabalho, quando senti meu rosto molhado. Todos do grupo começaram a falar ao mesmo tempo, apontando para mim. Percebi algo cair na mesa. Olhei para baixo, havia sangue no papel, já se espalhando sobre toda a superfície. O sangue escorria do meu nariz em grande quantidade, como se fosse uma torneira aberta.

 A professora, ao ver a cena, ergueu-me da cadeira e me acompanhou para fora da sala. Estávamos no segundo piso do prédio, que tinha três andares, então descemos as escadas em direção ao térreo onde ficava a secretaria. Lembro de colocar a mão no nariz, tentando parar o sangramento, mas tudo só piorava. Fui deixando uma trilha de sangue pelos corredores da escola e, apesar de várias tentativas, ninguém conseguiu estancar o sangramento. Alguns funcionários trouxeram lenços de papel, gaze, algodão, e continuavam pressionando meu nariz com intuito de conseguir algum sucesso.

 Depois de muito tempo sentado com a cabeça levantada, fazendo pressão naquela região, finalmente a hemorragia se estabilizou. Fui ao banheiro para me limpar e, enquanto lavava as mãos e o rosto, vi a pia toda ensanguentada e minha roupa manchada. Mesmo vendo aquela quantidade de sangue, não pensei que fosse algo tão grave. Tinha uma vida tranquila, raramente ficava doente.

Liberado das aulas, voltei para casa. Minha mãe ficou preocupada, principalmente ao ver o estado da minha roupa. Mesmo assim, eu a tranquilizei, afirmando que já estava me sentindo muito bem. Passei o resto do dia sem qualquer incidente – as coisas pareciam ter voltado ao normal. Estudei, fui para o computador trabalhar em um *site* e, depois do jantar, dormi. Acordei por volta das três horas da madrugada sem conseguir respirar, sufocado e engasgando com meu próprio sangue. Levantei da cama e corri para o banheiro. Mais uma vez, o sangue escorria pelo meu nariz sem parar. Só conseguia respirar pela boca. Minha mãe logo apareceu atrás de mim e se assustou com a cena.

Pela manhã, ela me levou ao médico, no atendimento público de saúde de nossa cidade. Depois de me examinar, o médico afirmou que era apenas a sinusite que "estava atacada", e nada além disso. Passou alguns remédios e disse que eu melhoria em poucos dias. Como relatei antes, também achei que não era nada demais. Ainda que o sangramento fosse intenso, tudo parecia tranquilo e, portanto, se resolveria rapidamente. Fiz o tratamento médico, porém os sintomas persistiram. Meu nariz passou a se manter entupido e com muita secreção.

Uma semana depois, voltei ao consultório. Ao me avaliar novamente, ele resolveu que me daria um medicamento mais forte. Foram mais vinte dias de tratamento e nada de melhoras. Nossa opção foi retornar ao médico pela terceira vez. O doutor resolveu pedir um exame mais detalhado de toda a região da cabeça e pescoço. Quando o resultado saiu, aparecia uma pequena mancha naquela região e, por conta disso, fui encaminhado a um especialista em doenças desse tipo, um médico otorrinolaringologista.

Acontece que, na minha cidade natal, Campo Bom, o Sistema Único de Saúde (SUS) não dispunha desse especialista. Em geral, os médicos vinham da capital, Porto Alegre, para atender à população em forma de mutirão. Dessa forma, a demanda era muito grande e as filas de atendimento, extensas. No fim das contas, fui atendido depois de três meses de espera.

Quando, finalmente, chegou minha vez, foram pedidos alguns exames específicos e uma tomografia, que também demoraram para serem realizados. Somando todo o tempo aguardando, já havia se passado um ano desde o primeiro exame. Enquanto esperava a liberação desses procedimentos pelo SUS, uma massa começou a crescer no meu nariz. Era um tumor, que ficava maior e mais visível a cada dia, chegando ao ponto de ficar exposto. A partir daí, as hemorragias eram rotineiras, causando incômodo e cansaço.

Embora a situação não estivesse nem um pouco favorável, continuei indo à escola e fazendo minhas atividades regulares. Naquele momento, o mais importante era ter um tempo com meus amigos. Certo dia, em meio às férias de verão, fui a um campinho de terra perto da minha casa para jogar futebol. Fazia muito calor. Os times foram divididos entre "os com camisa e os sem camisa". Passaram a bola para mim e, quando parti em direção ao gol, simplesmente não consegui. Senti uma pressão no nariz e a hemorragia voltou. Fui para casa imediatamente e, dali em diante, não pude mais jogar bola. Fiquei debilitado física e emocionalmente; já não conseguia fazer as atividades que tanto gostava. Aos poucos, deixei também de ir à escola e conviver com os colegas. Alguns deles ainda me visitavam de vez em quando, ou me ligavam para saber como eu estava, porém não era a mesma coisa.

    Nesse meio tempo, continuava indo ao médico a cada três meses; mas, sem a conclusão dos exames e da tomografia, não havia como definir o diagnóstico nem o tratamento. Sentia meu corpo fraco e, por essa razão, passava muito tempo isolado. Minha mãe acompanhou todo esse processo, e se entristecia ao ver como aquela doença interferia em minha vida. O pior de tudo era não ter a mínima ideia de quais eram as causas e de uma maneira eficaz de amenizar o problema.

    Na época, minha mãe trabalhava em uma fábrica de sapatos e, lá, fez amizade com uma mulher chamada Alda. Ao descobrir sobre as dificuldades que minha família vinha enfrentando, ela nos convidou para ir à sua igreja. Disse que gostaria de orar por mim e queria que eu conhecesse seu pastor, Gustavo. Ele havia chegado recentemente na cidade. Ela o considerava uma pessoa muito boa e um instrumento de Deus. Um pouco antes, consegui fazer a tomografia e, na véspera do retorno com o médico, minha mãe concordou em ir a um dos cultos com sua amiga.

Fazia algum tempo que não entrávamos em uma igreja. Alda nos levou para conhecer o pastor Gustavo. Olhei para ele, era um sujeito careca, "gordinho", e já sabia que eu estava lá por causa da minha doença. Depois de conversarmos, ele convocou toda a congregação a orar por mim. Sem percebermos, aquela enfermidade nos fez voltar à Casa de Deus.

No dia seguinte, fomos ao consultório médico. Ele me colocou sentado numa maca e examinou o tumor, que estava do lado direito. Olhou os exames e, por fim, pediu que eu saísse da sala para que pudesse conversar a sós com a minha mãe. Saí da sala e sentei-me num banquinho de madeira, bem encostado à porta. Mesmo que o médico quisesse privacidade naquele momento, de onde eu estava, acabei ouvindo tudo o que disse sobre mim e sobre o resultado dos exames. Ele falou algo como:

— Mãezinha, nada bom isso aqui. O seu filho tem câncer e o caso do seu menino é muito complexo. São poucos os que passam pelo que ele está passando e saem com vida. É bom a senhora se preparar, porque uma notícia inesperada pode ocorrer a qualquer momento. O Lucas tem dias de vida, um mês, talvez.

Na minha cabeça, o médico dizia: "Mãe, pode preparar o funeral". A sensação era que eu morreria naquela mesma hora. O que transforma um dia normal de nossas vidas em algo realmente marcante? Quem sabe, os sentimentos experimentados ou uma notícia em especial? Independentemente do que seja, creio que uma lembrança como essa é fruto da nossa reação daquilo que nos impacta. O retorno ao médico foi um desses momentos, assim como estar na igreja da Alda, um dia antes da consulta, também foi.

Sentado naquele banquinho, saber que eu tinha câncer e poucos dias de vida parecia algo irreal: "Como é que a minha vida já tinha acabado? Eu era tão novo, tinha tantos sonhos, tantos planos. Como as palavras de um médico ou as informações de um relatório poderiam acabar com tudo? Mais do que isso, o que era essa doença para decretar a minha morte"? Esses eram pensamentos que passavam pela minha cabeça, mas não pude escapar do medo, ao mesmo tempo que rejeitava esse sentimento com todas as minhas forças. Fechei os olhos, abaixei a cabeça e pensei: "Não! Eu não vou ter medo! Não vou pôr minha vida na mão dos homens!".

Eu havia me renovado com aquela ida à igreja. Sentia uma fé sincera em Deus e em Seu amor. Reuni toda a minha coragem e levantei de onde estava. Entrei no consultório e surpreendi o médico por ter aparecido sem ser chamado. Minha mãe estava chorando, aquilo fez crescer ainda mais o ímpeto que estava dentro de mim. Sentei ao lado dela, segurei firme nas laterais da cadeira e olhei diretamente para o médico. Disse que tinha algo para falar e ele concordou:

— Você pode falar que eu tenho os dias contados, mas a última palavra não é da doença! A última palavra não é do câncer! A última palavra talvez não seja do tratamento! A última palavra não é sequer da morte. Doutor, a última palavra é de Quem me deu a vida, a última palavra é de Deus.

O médico, com pena de mim, respondeu em tom meio displicente, meio de deboche:

— Se você acredita em Deus, tudo bem, mas a sua doença é bem complicada.

Respondi na mesma hora:

— Eu vou superar essa doença com a minha fé em Deus. Vou ser curado e ainda contar sobre isso para muita gente.

A última frase saiu sem que me desse conta, sem que entendesse muito bem como seria esse "contar para muita gente". Era algo dentro de mim que dizia: "Tenha fé, acredite e tudo vai dar certo. Coloque sua vida nas mãos de Deus e seja um instrumento para que o amor d'Ele atinja a quem n'Ele acreditar". Sentia uma força sobrenatural, uma coragem para seguir em frente.

Virei para minha mãe, que tinha os olhos marejados pelas lágrimas. Só que agora não eram lágrimas de tristeza, mas percebi que ela também acreditava na palavra de Deus e naquilo que eu havia dito. Saímos do consultório de mãos dadas e voltamos a pé. Antes de chegar em casa, passamos na igreja para orar e contar ao pastor Gustavo sobre os resultados. Com isso, ele passou a me acompanhar constantemente e a orar por mim.

Talvez, assim como eu, você tenha sido desenganado ou até mesmo condenado. Por vezes, depositamos nossa confiança em pessoas ou propostas que nos enchem os olhos, mas não demoram a revelar sua verdadeira face. O pior disso é sermos pegos de surpresa, sem a mínima condição de nos precavermos. Mesmo assim, nossos olhos devem estar fixos na escalada.

Assim como um alpinista, que precisa subir a montanha com um impulso de cada vez, nós só chegaremos ao topo depois de enfrentar todos os desafios. Existe um caminho a ser percorrido, e os momentos difíceis, por mais dolorosos que sejam, são a prova de que estamos avançando. Na verdade, através dessas situações, o Senhor nos molda como filhos maduros e soldados prontos para a guerra. Mais do que isso, todo processo gera autoridade em nosso interior. Quando somos aprovados, aquilo que, outrora, nos oprimia se transforma em uma fonte de aprendizados, servindo não somente para nós mesmos, mas para serem transmitidos às pessoas que cruzarem nosso caminho ao longo da vida.

O que você identifica hoje como um processo em sua vida? Após passar por ele, qual tipo de autoridade você obterá?

_____

_____

_____

_____

_____

_____

_____

_____

_____

_____

_____

_____

CAPÍTULO 4

O FRUTO DOS PROCESSOS

Não é novidade nenhuma dizer que a vida é cheia de processos. Essa informação não é exclusividade dos cristãos, mas qualquer pessoa que já passou por dificuldades e amadurecimentos sabe que esse é um ciclo constante. Todos os dias, aprendemos algo, seja perdendo ou ganhando. E, por incrível que pareça, essa é uma das belezas da vida. Inclusive, é isso que faz com que a sensação de crescimento aumente todas as vezes em que olhamos para trás, contemplando como éramos, como estamos agora e para onde vamos.

Ainda assim, creio que faça pouco sentido ficar falando sobre os processos em si, afinal não existe uma regra. Cada um terá o seu caminho para percorrer se deseja evoluir não somente como indivíduo, mas também em grupo e na sociedade. Desde cedo, percebi como isso é uma verdade inegável quando comparava aquilo que eu estava passando com os processos que outros viviam.

E aqui não estou dizendo que um caso é pior ou melhor que o outro. O que quero dizer é que passar por qualquer que seja o deserto nos dá uma nova percepção a respeito das etapas da vida. Deixamos de medir nosso próximo por suas origens, cor de pele ou mesmo por sua fé, mas sim pela sabedoria e maturidade que aquela pessoa adquiriu ao longo de seu próprio percurso.

Dessa forma, é fácil perceber que os resultados de todo vale variam para cada um. Mas uma coisa é certa: não importa o que passamos, se aquilo não gerou nada produtivo em nós, pouco adiantou ter acontecido.

Aliás, até digo isso com um pouco de incômodo, pois a sensação que algumas pessoas transmitem é quase masoquista: "Se eu tivesse passado por X ou Y situação, tudo seria diferente". Sem sombra de dúvidas, seria, mas acredito que nada em nossas vidas é desperdiçado, e tudo o que acontece é transformado em um propósito especial para cada um de nós pelo nosso Criador. Então, se realmente cremos em um Deus que nos ensina nos detalhes, invejar os pontos de partida ou os frutos dos outros é desconsiderar o cuidado específico que Ele tem com cada um de nós.

Por outro lado, caso aceitemos e permitamos que o Senhor transforme nossas experiências e oportunidades para aprender algo, vamos, aos poucos, construindo autoridade em diversas áreas de nossas vidas. E quando falamos sobre autoridade como o resultado dos nossos processos, entramos em um terreno delicado, mas muito importante. Quanto a isso, o teólogo e missionário batista Russell Philip Shedd faz a seguinte afirmação:

> As duas palavras-chaves, "autoridade" e "poder", facilmente se confundem, porém não são especificamente sinônimas. "Autoridade", às vezes, é empregada quando se quer dizer "poder", e em outros casos acontece o contrário. Mas estes termos têm sentidos distintos, particularmente na Bíblia. Os dois sentidos são paralelos, mas não sinônimos. Autoridade e poder são comparáveis às duas pernas de um corredor. Nenhum corredor pode vencer uma corrida sem a cooperação e coordenação de suas duas pernas. Da mesma forma, uma vida sem submissão à autoridade e sem revestimento de poder não agrada a Deus.[1]

Nesse trecho, vemos que há uma distinção muito clara entre poder e autoridade, mas ambos caminham juntos. Inclusive, na Bíblia, vemos esses adjetivos atribuídos a Deus, e como Ele nos capacita com cada um (cf. Colossenses 2.10; Lucas 9.1, entre outros). É maravilhoso quando possuímos essa revelação da Sua natureza, dando-nos ainda mais confiança para servi--lO e amá-lO de todo o coração.

Com isso em mente, ao seguir um caminho lógico, entendemos que: 1) todo poder e autoridade estão nas mãos de Deus; 2) Ele nos coloca em alguns processos

---

[1] SHEDD, Russell P. **Autoridade e poder**. São Paulo: Shedd Publicações, 2013.

para que possamos construir autoridade nessas áreas de nossas vidas; 3) Ele nos dá poder para vencer esses processos e cumprir Sua vontade; e 4) assim, o Senhor nos confere autoridade conforme superamos cada etapa do aprendizado. Logo, tudo o que somos e possuímos vêm de uma única fonte: o Senhor. Como a Bíblia afirma, "[...] nele vivemos, nos movemos e existimos [...]" (Atos 17.28).

HUMILDADE, CORAGEM E QUIETUDE

A partir daí, podemos retirar uma série de lições, começando pela humildade, já que nada do que conquistamos provém total e somente da nossa própria força, mas sim do Senhor. Talvez você pense: "Mas ser humilde é algo básico". E sobre isso não há discussão. Entretanto, mesmo sabendo disso, quantos de nós perdemos esse princípio pelo caminho e nos esquecemos dele? Geralmente, quando somos constrangidos pelo amor de Deus, aceitando o sacrifício de Jesus e abraçando a salvação, humildade e quebrantamento nos acompanham noite e dia. Somos inundados por tamanho cuidado e aceitação, que é impossível não percebermos o quanto não merecíamos tudo o que Ele fez por nós. Converse com alguém que é novo na fé e não será difícil perceber esse sentimento em seu semblante e nas suas palavras. Na maioria das vezes, dizemos que aquela pessoa está no "primeiro amor". Mas, muitas vezes, algo acontece com o passar do tempo.

É interessante como, em diálogos assim, sempre existe alguém do outro lado que fala do "primeiro amor" em um tom nostálgico. Muitas pessoas relembram de seus encontros com Deus como se fosse algo distante e inalcançável, uma experiência que ficou no passado e agora só habita nas lembranças. Infelizmente, quando isso ocorre, o lugar onde a humildade e o serviço sincero ao Senhor deveriam ter criado raízes é tomado pelo orgulho, comodismo e estagnação. Agora, o que existe é mera religiosidade ou demonstração de *status*, pois a paixão e o temor foram colocados de escanteio.

No entanto, não podemos deixar que isso aconteça. É claro que sempre haverá a chance de nos renovarmos em Deus, redescobrindo o motivo que um dia nos atraiu. Porém, se formos atentos antes de cair nesse engano, seremos muito mais frutíferos e proativos. Dessa forma, todo cristão deve estar vigilante, construindo um relacionamento de intimidade com o Senhor que o blinde de qualquer investida do desânimo e da soberba. Essas são algumas das alternativas que temos no combate àquilo que pode sabotar nossa vida espiritual e nosso crescimento.

Junto com a humildade, outras duas coisas também não devem faltar na vida de quem deseja vencer os processos e receber autoridade. Mas o interessante é que, na maioria das vezes, esses comportamentos surgem nos momentos de maior medo e incerteza: a coragem e a quietude. São nas circunstâncias extremas, em que nos sentimos aflitos e perdemos o foco, como um barco à deriva, incapazes de saber onde estamos e em qual direção seguir, a hora perfeita para recebermos nova injeção de ânimo e novos direcionamentos.

Com isso, vem a coragem, que nos possibilita enfrentar ou mesmo modificar aquilo que está ao nosso alcance. Ainda que as circunstâncias fujam do nosso controle, é através desse sentimento que encontramos forças para continuar caminhando. Em outras palavras, ser corajoso significa reconhecer as vulnerabilidades, mas com a consciência de que somos capazes de encarar e transformar aquilo que nos aflige em vitória e aprendizado. Se você já ligou os pontos ao ler sobre esse tema, deve ter se lembrado de uma das maiores histórias de capacitação e encorajamento da Bíblia:

> Não fui eu que lhe ordenei? Seja forte e corajoso! Não se apavore, nem se desanime, pois o Senhor, o seu Deus, estará com você por onde você andar. (Josué 1.9)

Josué, o homem escolhido por Deus para guiar Seu povo após a morte de Moisés, foi incumbido de não somente administrar um grande número de pessoas, mas liderá-los na conquista da Terra Prometida. Anteriormente, ele havia sido um dos primeiros espias enviados por Moisés para analisar aquela região e, por isso, tinha consciência do desafio que seria enfrentado. Porém, enquanto alguns desses espias ficaram apavorados, com medo dos gigantes, Josué, juntamente com Calebe, demonstraram confiança no Senhor e na promessa que Ele havia feito aos hebreus (cf. Números 14.6-9).

O tempo passou e, enfim, Josué não era mais apenas o representante da tribo de Efraim, mas o sucessor de um grande homem de Deus. O interessante é que, antes mesmo que isso acontecesse, o coração de Moisés parecia já enxergar um potencial em sua vida, pois ao escolher os doze representantes das tribos que iriam espiar a terra, ele chamou o rapaz não por seu nome [Oseias], e sim de "Josué", que significa "salvador dado por *Iahweh*".[2]

Mas, mesmo diante de tantos sinais claros, há uma diferença entre a preparação e o momento em que colocamos nosso aprendizado em prática. Até então, Josué aprendia todos os dias ao lado de Moisés, e tinha a oportunidade de ver o Senhor operando maravilhas por meio dele. Porém, sem seu mestre ao lado, a história seria outra. Caberia ao próprio Josué buscar a face do Senhor e ouvir Suas estratégias para avançar e ser vitorioso com o povo. Por isso, logo no início do livro que narra grande parte de sua trajetória, Deus reafirma Sua palavra a respeito do chamado e do propósito específico que Ele tinha para seu servo. Não apenas uma vez, mas três (cf. Josué 1.6-9).

---

[2] **Qual o significado do nome Josué?**. Publicado por ABiblia.org em 8 de agosto de 2018. Disponível em *https://www.abiblia.org/ver. php?id=10484*. Acesso em agosto de 2020.

É quase como se Deus dissesse: "Josué, você não precisa apenas ouvir de Mim que você é forte e corajoso, mas precisa acreditar nessa realidade com todas as suas forças". Quem sabe, foi graças a esse momento singular em seu ministério que Josué finalmente compreendeu o que havia dentro dele, e que isso havia sido depositado pelo Senhor dos Exércitos?!

Da mesma forma, todos os dias, o Espírito Santo de Deus está nos impulsionando a romper com a insegurança e entender que a autoridade já foi derramada sobre nós. O que precisamos fazer é crer e, por meio dessa fé, agir. Assim como foi com Josué, pelejas enormes nos aguardam em diversas áreas e momentos de nossas vidas, porém, em nosso favor, temos o Criador dos Céus e da Terra, que nos enche cada vez mais com porções do Seu poder. Não devemos temer, pois nossa conquista já foi garantida, basta que tomemos posse.

Por fim, depois de termos falado sobre a coragem, vamos tratar do terceiro atributo necessário na construção da autoridade: a quietude. Ela é primordial para que encaremos qualquer cenário desastroso, preenchendo nossa mente e coração com paz de espírito. Através dela, ao mesmo tempo em que não aceitamos aquilo que está acontecendo, compreendemos que apenas gritar ou reclamar não trará nenhuma solução. Entretanto, ao calmarmos nossa alma, tornamo-nos sensíveis às condições e soluções que o Senhor nos concede, aproveitando essas oportunidades para avançar e amadurecer. Afinal, quem consegue ouvir uma música em meio a uma tempestade? Na mesma intensidade, somente quando nos tranquilizamos e estamos em silêncio, podemos escutar a Voz que fala em nosso interior:

> Senhor, o meu coração não é orgulhoso e os meus olhos não são arrogantes. Não me envolvo com coisas grandiosas nem maravilhosas demais para mim. De fato, acalmei e tranquilizei a minha alma. Sou como uma criança recém-amamentada por sua mãe; a minha alma é como essa criança. Ponha a sua esperança no Senhor, ó Israel, desde agora e para sempre! (Salmos 131.1-3)

Nesse salmo, o autor começa dizendo que seu coração não é orgulhoso e muito menos arrogante, características que, como já sabemos, são essenciais para não perder a humildade e manter os olhos fixos no propósito. Ele ainda completa sua declaração afirmando estar distante da ganância, procurando não exceder seus limites. Todavia, na sequência, ele revela o segredo para que isso fosse possível: tranquilizar a alma. Em outras palavras, ele buscou a quietude das emoções.

Quando não paramos para prestar atenção nessas palavras, podemos interpretá-las de um jeito errado, já que a maioria de nós é ensinada a expor seus sentimentos, e não os controlar. Mas nesse texto, em especial, é possível aprender uma outra perspectiva dentro desse assunto. Todos nós compreendemos os problemas de guardar certas coisas e como isso pode ser uma abertura para que traumas nasçam. No entanto, isso não quer dizer que devamos espernear como crianças, gritando aos quatro cantos nossos dilemas e sofrimentos.

O escritor de Salmos 131 compara a atitude de buscar a calma para tomar decisões a uma criança que acabou de ser amamentada. Quem já teve um bebê em casa ou é um pai ou mãe de primeira viagem sabe o quanto é complicado lidar com uma criança em seus primeiros meses de vida. Os pequenos ainda estão se acostumando a estar distantes da proteção que havia na barriga da mãe e necessitam de atenção e cuidados constantes. Inclusive, em alguns momentos, todos os esforços para conter o choro do recém-nascido são inúteis. Até que a mãe compreende o motivo daquelas reclamações: é a hora de alimentar o bebê. Depois de alguns minutos, a criança que antes estava desesperada, agora está calma e, possivelmente, até dormindo.

Perceba que a paz não surge do nada, mas vem de uma fonte. Do mesmo jeito que a amamentação tem o poder de trazer calma a um ser tão pequeno e inocente, quando descansamos no Senhor, podemos também desfrutar de quietude e tranquilidade. Nosso Deus nunca Se desespera, porque d'Ele é todo o poder e o controle de qualquer situação. Se servimos a Ele e somos Seus filhos, devemos agir da mesma maneira, entendendo que a Sua vontade é que apenas confiemos no Seu amor e que nada nos abale.

Além disso, como perceberemos um desígnio ou mensagem de Deus se, dentro de nós, estamos confusos e surdos para Seus direcionamentos? Em uma sala de aula, por exemplo, uma das melhores estratégias para assimilar os conhecimentos é permanecer em silêncio, prestando atenção nas explicações do professor. É justamente esse momento de dedicação e foco que garante ao aluno confiança para enfrentar uma avaliação, consciente daquilo que ele ouviu no dia a dia.

Da mesma maneira, durante os processos da vida, aplicar esses métodos pode ser a diferença entre o amadurecimento e a paralisação. Podemos escolher manter a humildade com coragem e quietude, ou ser orgulhosos, rejeitando a ajuda de nosso Pai e tentando resolver nossos problemas com a força do nosso braço.

Entretanto, aqui não falamos de um método infalível para enfrentar crises, mas de um processo de capacitação e autoridade que está fundamentado na dependência do Alto. Com isso, também precisamos entender que, mesmo tendo essa possibilidade disponível a qualquer momento, nada será possível sem fé e perdão.

CREIA, SEJA PERDOADO, SEJA LIVRE!

> Sem fé é impossível agradar a Deus, pois quem dele se aproxima precisa crer que ele existe e que recompensa aqueles que o buscam. (Hebreus 11.6)

Em minha vida, a prática da fé foi e tem sido um componente muito importante, sem o qual eu não teria a oportunidade de contar minha história hoje. Foi somente através dela que eu pude desenvolver minhas capacidades e ir além daquilo que as minhas origens ou a doença que enfrentei me diziam.

Em primeiro lugar, quando cremos de todo o coração no Senhor, passamos a viver por uma verdade que transcende nossa realidade visível e nos revela qual é o "projeto original" que Ele planejou para nós, ou melhor, aquilo que havia sido idealizado por Deus lá no Éden e foi interrompido pelo pecado. O Homem, no princípio de tudo, não possuía barreiras para se relacionar com o Pai; e o que nós, hoje, caracterizamos como oração era o estilo de vida que se manifestava em todo lugar e a todo momento. É possível perceber que, lá no fundo de qualquer ser humano, essa essência depositada pelo Criador ainda reside dentro de nós e gera uma necessidade íntima de nos ligarmos mais uma vez a Ele.

Foi por meio dessa compreensão que eu entendi, pela primeira vez, como Deus me enxergava e o que Ele havia reservado para mim. Então, cada vez que o Senhor aumentava minha medida de fé, eu tinha mais certeza de que não deveria permitir que o diagnóstico médico ditasse o meu futuro. Não seriam alguns papéis e os resultado que eles apontavam que me fariam retroceder. Sabia que o caminho seria difícil, mas não duvidei, porque tinha confiança nas promessas que o Senhor havia feito a mim.

Em outras palavras, a fé é um dos instrumentos mais poderosos no processo de ressignificação, pois somente ela remove todo o engano e apresenta a realidade do Reino dos Céus. Logo, nossa visão turva, que nos impedia de enxergar os aprendizados, é substituída por olhos espirituais, que discernem cada vitória ou derrota como uma fonte de ensino. Além disso, entre tantos benefícios, é somente pela fé que podemos, de fato, compreender o poder do perdão e da liberdade em Cristo.

Aliás, um não existe sem o outro, pois de que adianta sermos perdoados se não crermos nisso de fato, e desfrutarmos da liberdade gerada pelo perdão? E, por outro lado, é por meio dele que podemos alcançar tal liberdade para viver uma fé genuína, pois, sem o perdão, ficamos presos em sentimentos destrutivos. Quantas vezes carregamos uma mágoa de algo, de alguém ou de nós mesmos? Ela nos corrói como um veneno, trazendo sensações de angústia e tristeza e até de ódio. A mágoa se torna um fardo e, inevitavelmente, uma venda que cega nosso entendimento. É como uma âncora que nos prende a um lugar sem que possamos ir adiante e encontrar aquilo que está à nossa espera: a felicidade e o cumprimento de nossos propósitos na Terra.

Nesse ponto, o poder do perdão é capaz de curar feridas que pareciam incuráveis. E, a partir do momento que criamos o hábito de perdoar aos outros, também devemos aprender a nos incluir nesse processo, eliminando qualquer sentimento de culpa. A ressignificação começa quando resolvemos isso no nosso interior. Até porque não adianta nada ficarmos olhando para fora, pensando que o problema está em algo ou alguém. Toda mudança, por menor que seja, precisa começar primeiro em nossos corações para, só então, atingir o ambiente ao nosso redor.

Mais do que isso, todos nós precisamos perdoar enquanto ainda é possível. Muitas das pessoas com quem convivemos ao longo dos anos já não fazem parte do nosso cotidiano hoje, e algumas até mesmo já partiram. E quantas vezes não sentimos que gostaríamos de ter resolvido as coisas com algumas delas enquanto ainda estavam aqui? Por isso, a mentalidade do perdão me ensinou a ser sincero e reatar laços sempre que possível, para que as brechas onde os fardos se apoiam nunca apareçam.

Conseguiu perceber? Do mesmo jeito que uma pequena raiz de amargura pode gerar uma bola de neve de problemas e angústias, a atitude de se submeter aos processos e adquirir autoridade sobre eles é mais do que satisfatória. Desde que aprendamos a conservar todas as lições que esse poder nos traz, tendo fé de que somos perdoados e livres, nada poderá nos parar, nem mesmo todo sofrimento, doenças ou a morte:

Mas, em todas estas coisas somos mais que vencedores, por meio daquele que nos amou. Pois estou convencido de que nem morte nem vida, nem anjos nem demônios, nem o presente nem o futuro, nem quaisquer poderes, nem altura nem profundidade, nem qualquer outra coisa na criação será capaz de nos separar do amor de Deus que está em Cristo Jesus, nosso Senhor. (Romanos 8.37-39)

CAPÍTULO 5

DO DESENGANO À FÉ: PRIMEIROS PROCESSOS DE CURA

Apesar de ter recebido a notícia do câncer como um desafio pessoal, ser desenganado de uma hora para outra não foi nada fácil. Meu tumor havia se desenvolvido muito rápido, atingindo cérebro, nariz e garganta. Possuía vinte e quatro centímetros, e descia pela via nasal, pesando cerca de meio quilo. Devido aos diversos sangramentos e dores intensas, recebia uma dose de morfina de hora em hora, porém sem resultado. Com o tempo, aquele desconforto passou a fazer parte do meu cotidiano, afetando, drasticamente, todas as áreas da minha vida, como a minha massa corporal, por exemplo. O tamanho do tumor, associado à sensibilidade no local, dificultava minha alimentação. Cheguei a pesar trinta e seis quilos; sentia-me fraco a todo o momento.

Durante todo esse processo, sempre contei com a ajuda do pastor Gustavo, juntamente com as pessoas da igreja. Muitos deles acompanhavam e se comoviam com algumas das minhas crises hemorrágicas. Esses episódios eram cada vez mais frequentes, ocasionando perdas de sangue que poderiam se tornar fatais caso não fossem tomadas medidas de urgência. Em meio a um desses incidentes, recebi uma ligação do pastor Gustavo. Ele queria me levar a um congresso onde estaria um rapaz que era muito usado por Deus, tanto pregando quanto curando.

Eu disse não. O tumor havia crescido muito e era extremamente desconfortável sair de casa com o sangramento constante. Todo deslocamento, qualquer que fosse a distância, era um tormento. Porém, mesmo com as minhas respostas negativas, ele continuou insistindo:

— Eu vou levar você. Se precisar, eu carrego você no colo, porque acredito no seu milagre.

Fui vencido pela força daquelas palavras e, finalmente, disse sim. Depois disso, não demorou muito e ele estava na minha casa, pronto para me levar ao congresso. No espaço onde o evento acontecia, havia uma multidão aglomerada. Como havia prometido, o pastor me pegou no colo e foi avançando em meio às pessoas, até chegarmos ao palco onde estava o preletor, Henrique Martins.

Na mesma hora, ele olhou para mim, colocou a mão na minha cabeça e disse:

— Esse câncer que você tem no cérebro e na garganta sumirá hoje. O meu Deus está falando que ele desaparecerá. Você ficará apenas com esse tumor no nariz, porque isso faz parte do projeto de Deus para mostrar a muitos homens que Ele é Senhor na Terra.

E, depois, através do seu testemunho, muita gente vai passar a acreditar que existe um Deus e que Ele tem todo o poder.

Na sequência, o Henrique começou a orar. Senti muita ardência na parte de cima da cabeça e na testa. Meu pescoço queimava muito, e tinha uma sensação estranha, como se a região ficasse quente e fria ao mesmo tempo. Era impossível não admitir que aquilo era um toque sobrenatural, uma experiência que me marcou para toda a vida.

Voltamos para casa bem tarde, fazia muito frio, mas senti algo grande acontecendo comigo, aquecendo minha alma e me preenchendo de certezas sobre o futuro. Eu sabia que Deus não havia me abandonado, e muito menos me esquecido. Mais uma vez, era convencido de como tudo aquilo fazia parte de um propósito maior. Na sua divina sabedoria, Ele confiava em mim para superar a doença e a falta de crença dos homens. Aquela era uma oportunidade de, através da fé, glorificar o nome d'Ele.

Até hoje, relembrando dessa situação, desde a ligação do pastor Gustavo, insistindo que eu fosse ao congresso, até o momento da oração, percebo como tudo isso me ensinou. Há certos momentos na vida em que Deus coloca pessoas em nosso caminho, verdadeiros anjos, que nos indicam uma direção. Meu pastor foi um desses, impulsionando-me a seguir em frente, ainda que as circunstâncias fossem desfavoráveis. Até o último dia que me for permitido viver, vou me lembrar dele e do quanto aprendi sobre amor e doação com suas atitudes.

Cerca de quinze dias após ter ido ao congresso, fui encaminhado pelo serviço médico para o atendimento na capital, Porto Alegre. Alguns procedimentos, como as tomografias, seriam realizados no Hospital Nossa Senhora da Conceição. Logo depois, retornei ao médico para uma nova consulta. Algo extraordinário começava a acontecer. Segurando os resultados na minha frente, o especialista parecia muito surpreso:

— Olha, menino, não sei o que está acontecendo aqui. O câncer que você tinha perto do cérebro e na garganta sumiu, desapareceu. Mas pode ser que a tomografia esteja errada.

Ele olhou o exame de novo, conferiu os meus dados, se era mesmo o meu nome no documento, e voltou a falar:

— Vou ter que confessar, isso é um milagre!

Que felicidade! Senti uma alegria me preencher. Mas o médico não demorou em mudar sua expressão, tentando roubar minha esperança:

— É, mas o milagre foi pela metade. O tumor ainda permanece no nariz e em condições complicadas. Você precisará passar por uma cirurgia e ficará com o rosto todo deformado. Na verdade, teremos de arrancar todo o seu rosto fora. Você perderá o sorriso, uma parte do nariz e talvez um olho. Sobrará apenas vinte por cento do rosto.

Dentro de mim, tinha certeza que o meu milagre já havia ocorrido. Entretanto, sempre existirão os "ladrões de alegria". São as pessoas ou coisas que vêm para acabar com a nossa fé e a expectativa na vitória. Para o doutor, meu milagre tinha sido pela metade, e eu ficaria com o rosto deformado. Era o que ele pensava. A felicidade, que havia retornado à minha vida, parecia que só duraria alguns instantes. Mas resolvi que não permitiria que isso acontecesse. Virei-me para o médico e disse:

— Doutor, deixe-me falar algo. O mesmo milagre que você viu aí, que fez sumir o câncer do cérebro e do pescoço, acontecerá com o resto, porque eu tenho fé em Deus.

Ele simplesmente respondeu que eu devia "seguir com a minha fé".

Era uma quarta-feira, fim da tarde. Voltei para casa, lembrando do congresso e das palavras do Henrique Martins. Olhei para o sol lindo que fazia naquele dia e pensei: "Obrigado, Deus!".

•

Tive de fazer mais três procedimentos, chamados embolização. Colocaram uma mola no meu rosto, numa inserção feita através da virilha, com o objetivo de estancar o sangue e fazer o tumor necrosar, para depois ser retirado. Infelizmente, nenhuma das tentativas foi bem-sucedida. O sangue não cessava. O médico que me atendia disse que não havia mais o que fazer por mim. Não havia recursos naquele hospital para me ajudar e eu teria de ser encaminhado para outro lugar. A cada nova consulta, ele repetia o mesmo discurso, dizendo que eu perderia oitenta por cento do rosto e que deveria me acostumar com essa realidade.

    Nossa alternativa era uma transferência para outro hospital da cidade, o Hospital Santa Rita, uma referência nacional em prevenção, diagnóstico e tratamento na área de oncologia. Nesse caso, não bastava apenas o encaminhamento médico: era preciso torcer por uma vaga e ser aceito. Contudo, dessa vez, tudo correu muito rápido. Em três dias, recebemos a resposta positiva.

    Era uma terça-feira, bem pela manhã, quando fui à primeira consulta, junto com a minha mãe. Na sala de espera do atendimento oncológico – lotada –, muitas outras pessoas aguardavam. Reparei na dor delas, sofrendo com a doença. Algumas, assim como eu, desenganadas ou à beira da morte. Eu tentava imaginar o que elas haviam passado até chegar ali. Quanto tempo os exames teriam demorado para serem feitos? Quantas esperavam por uma oportunidade de cura? Quantas nem conseguiram resistir?

Depois de alguns minutos, chegou a minha vez. O doutor Peter, médico da equipe de cirurgia de cabeça e pescoço, foi logo perguntando com simpatia:

— E aí, meu querido, o que está acontecendo?

Eu já acreditava que uma coisa muito boa aconteceria. Com os exames nas mãos, passei a explicar a minha situação. Entreguei os resultados a ele com confiança:

— Mandaram-me para você, para ver o que consegue fazer por mim.

O médico olhou para os papéis por algum tempo e confirmou o que eu já sabia: a operação seria inevitável. Angustiado, perguntei sobre o que o outro médico havia dito, que eu ficaria deformado e perderia oitenta por cento do rosto. O doutor Peter respondeu com um leve sorriso:

— Lucas, o seu rosto já está deformado por esse tumor. Eu vou tentar corrigi-lo e vai ficar perfeito. As pessoas vão olhar para você e não vão perceber que houve uma cirurgia.

Entrei em prantos, estava emocionado, alegre, reconfortado. Lembrei-me de tudo o que o outro médico havia dito, e que não me deixei envolver com aquelas palavras. Eu confiava em um poder maior, minha fé estava depositada em Deus e, naquele momento, tudo era confirmado pelo doutor Peter, na minha frente.

Minha mãe, ao meu lado, também chorava. Ela agradecia a Deus e ao médico. Ele se comoveu com aquela cena; levantou da cadeira, deu a volta na mesa e me deu um abraço firme, dizendo que daria tudo certo. Minha cirurgia foi marcada para dali a trinta dias. Voltamos para casa, com as esperanças renovadas. Quem alcança a linha de chegada sem percorrer todo o trajeto? É impossível dar um salto direto ao pódio, pois toda conquista é fruto de determinação e fé. No entanto, no meio do caminho, sempre encontraremos os ladrões da alegria. Eles entram em nossas vidas, sorrateiramente, trazendo tristeza, decepções ou abrindo espaço para a depressão. Com o tempo, nosso alvo, a vitória, é ofuscado por tudo aquilo que é contrário. Por isso, cabe a cada um de nós, mediante o poder do Espírito Santo em nos guiar, analisar e eliminar os obstáculos que retiram nossos olhos do milagre.

O que tem roubado a sua alegria nos dias de hoje? Identifique e descreva.

_____

_____

_____

_____

_____

_____

_____

_____

_____

_____

_____

_____

_____

CAPÍTULO 6

OS LADRÕES DA ALEGRIA

O que torna uma pessoa negativa? Ou melhor, qual a fonte das amarguras em nossos corações? Talvez, observando algumas pessoas com quem convivemos, já tenhamos feito essa pergunta, tentando encontrar uma justificativa para algumas ações que ela tomou. A verdade é que, se parássemos alguns minutos para refletir sobre esse assunto, com certeza ficaríamos horas e horas pensando e chegaríamos a diversas conclusões.

Em geral, cada um de nós, quando busca a origem de um problema, faz um processo de retorno, ou seja, a partir do ponto atual, damos passos para trás até chegar ao momento ou situação em que esse comportamento tenha sido gerado.

No caso específico da tristeza, para utilizar um termo mais comum, levando em conta tudo o que passei em minha vida, percebi que ela está muito mais associada à atitude das pessoas em relação a certas circunstâncias do que um sentimento que surge do nada, sem motivos. Em outras palavras, perder a alegria por algo significa não enxergar prazer ou esperança quando olhamos para frente, pois não encontramos caminhos possíveis para que determinada adversidade tenha fim.

Infelizmente, esse é um sentimento muito fácil de se encontrar em qualquer pessoa hoje em dia, mesmo que isso não seja aparente. E pior do que isso, percebemos como mais homens e mulheres têm se tornado negativos cada vez mais cedo. Numa roda de amigos, por exemplo, basta estarmos atentos para percebermos certos sinais de negativismo partindo de quem nós menos esperamos, ou até de nós mesmos. São pequenos indícios de que, no fundo, aquele indivíduo perdeu ou está quase perdendo a percepção de aprendizado e ressignificação sobre determinado assunto.

Fazendo um paralelo com o contexto atual do nosso país, com diversas denúncias de corrupção e esquemas criminosos nas mais diferentes camadas sociais, podemos dizer que um sentimento geral tomou conta de grande parte da população: o descrédito. Você, com certeza, já ouviu alguém dizendo: "Sinceramente, eu não voto mais! São todos farinha do mesmo saco. Anos e anos, e nada muda. Parece que a política do Brasil não tem mais solução!". Veja como, em poucas palavras, é possível resumir a sensação que muitos têm sobre esse tema e como essa expressão de raiva e descontentamento está diretamente ligada à nossa percepção acerca do futuro.

Nesse sentido, não gostaria de fazer nenhum tipo de juízo de valor sobre esse assunto, mas perceba como eu e você, quase que a cada segundo, somos bombardeados com possíveis focos de dúvida e tristeza. Parece que, mesmo quando estamos bem resolvidos com nossos dilemas pessoais ou familiares, o mundo à nossa volta não nos dá descanso. Em outras palavras, estamos em uma batalha entre a fé e a incredulidade:

> Pois a carne deseja o que é contrário ao Espírito; e o Espírito, o que é contrário à carne. Eles estão em conflito um com o outro, de modo que vocês não fazem o que desejam. (Gálatas 5.17)

Depois de ler esse versículo, você pode pensar: "Tudo bem, mas o que fé e incredulidade têm a ver com alegria e tristeza?". Eu diria que tudo! Afinal, é a fé que nos move todos os dias. E aqui eu não gostaria de entrar no aspecto religioso e fechado que muitas pessoas têm sobre esse tópico, e sim na fé verdadeira que a Bíblia nos apresenta: a certeza daquilo que esperamos e a prova das coisas que não vemos (cf. Hebreus 11.1).

Antes que você pense que estou fazendo um julgamento raso, afirmando apenas que quem crê é feliz e quem não crê é triste, façamos um breve exercício lógico. Imagine que você é um jovem em plenas condições físicas e mentais, e que possui sonhos: conquistar seus objetivos, ser bem-sucedido no trabalho e ter uma família feliz. Até aqui, são planos que muitas pessoas fazem. Para tanto, você não mede esforços a fim de que isso seja possível.

Desde o início da transição da juventude para a fase adulta, você fez tudo o que foi possível para aproveitar todas as oportunidades, sejam elas de conhecimento ou profissionais. Não ficou um minuto sequer parado, tentando utilizar cada hora da sua vida para aprender algo novo e estar preparado para os desafios do futuro.

Prestou vestibulares, passou nas melhores universidades, foi o melhor aluno da turma e agora está há poucos passos de ser efetivado no emprego que sempre quis. Todas as manhãs, você acorda, talvez um pouco cansado, olha no espelho e recorda-se do caminho que trilhou até chegar ali. Mesmo sendo difícil, você sabe que não pode recuar, até porque, você tem uma meta a alcançar. Considerando tudo isso, eu pergunto: qual é o seu combustível?

Alguns poderiam dizer que é o dinheiro, o *status*, o poder, as portas que seriam abertas, a comprovação das capacidades ou ainda a chance de provar para alguém que você conseguiria. Mas eu afirmo, sem medo de errar, que o que nos impulsiona, seja no que for, é a fé. Sem aquele brilho nos olhos, independentemente de qual seja a nossa motivação, quando não temos fé de que "chegaremos lá", não importa o que aconteça, será impossível vencer. Mais uma vez, como a Palavra de Deus confirma, a fé nos possibilita enxergar aquilo que ainda não é realidade, dando-nos uma convicção profunda e espiritual de que veremos algo acontecer. Inclusive, na mesma passagem, o autor de Hebreus complementa:

> Sem fé é impossível agradar a Deus, pois quem dele se aproxima precisa crer que ele existe e que recompensa aqueles que o buscam. (Hebreus 11.6)

Sendo assim, percebemos como ter fé é essencial em tudo o que fazemos, tanto que até mesmo o ato de servir e agradar ao Senhor passa por esse crivo. E tudo bem, isso pode parecer óbvio e, talvez, seja mesmo. Mas se, de fato, esse é um assunto que a maioria das pessoas já compreendeu, por que ainda vemos tantos que tiveram sua alegria, sua fé e sua confiança, roubadas? Se preservar a fé e não deixar que ninguém a toque é o segredo para permanecer feliz em meio às dificuldades, qual o motivo da negatividade e da tristeza continuarem existindo? Só existe uma resposta: os ladrões da alegria.

Sempre que penso nesse tema e o confronto com a existência da fé, lembro-me de um exemplo muito comum, mas que vale para essa discussão. Pense comigo: a formação de policiais, todos os anos, impede que ladrões e traficantes continuem surgindo? Ou, ainda, a descoberta de novos medicamentos e tratamentos paralisam por completo o avanço e a evolução das doenças? Nesses dois casos, a alternativa encontrada para o combate é efetiva, guardadas as devidas proporções. No entanto, sabemos como é difícil resolver problemas como esses de uma vez por todas, já que vivemos em um mundo que jaz no Maligno (cf. 1 João 5.19), e a criminalidade ou as doenças são meros reflexos dessa realidade.

Dessa forma, percebemos que, ainda que haja soluções e caminhos possíveis para certos dilemas sociais e espirituais, isso não significa que eles serão totalmente resolvidos. Nesse ponto, eu enxergo a beleza do livre arbítrio concedido por Deus a cada um de nós, e como ele se manifesta nas coisas mais simples. Quem sabe, em algum ponto da sua caminhada cristã, você já tenha pensado: "Por que Deus não converte todo mundo de uma vez e resolve os problemas em um piscar de olhos?". É aí que nos enganamos completamente. O Senhor, em sua infinita misericórdia e sabedoria, já apresentou à humanidade o remédio para suas dores mais profundas: Jesus Cristo. Porém, mesmo diante do Seu sacrifício, cabe a cada um de nós crer e escolher viver por Ele.

E assim também acontece com os ladrões da alegria. Todos nós sabemos que eles existem, mas é nossa responsabilidade tapar as brechas pelas quais eles entram e tomam tudo o que é nosso. Porém, antes de falar sobre as ferramentas espirituais que temos disponíveis para nós – em especial uma que me ajudou durante a minha doença –, precisamos identificar alguns "tipos de ladrões" e como eles agem sorrateiramente em nossa mente e coração, começando pelos lugares.

LUGARES

Alguns ambientes encantam por sua beleza, amplitude e riqueza de detalhes. Se você já visitou um museu ou alguma residência antiga que possua valor histórico, deve ter ficado maravilhado com cada pedaço do lugar, como se tudo ali tivesse sido pensado minuciosamente. Até mesmo em nossas casas, onde, na maioria das vezes, não temos a oportunidade de incluir decorações glamurosas e sofisticadas, prezamos sempre por manter tudo organizado e limpo. Muitas vezes, a casa mais simples pode se transformar em um oásis, basta que posicionemos cada móvel no seu devido lugar e deixemos tudo arejado. Uma das melhores sensações da vida é estar satisfeito com o local onde estamos.

Por outro lado, certos ambientes – entenda, aqui, não apenas como espaços físicos, mas também como certos ajuntamentos e grupos em que estamos inseridos – cumprem um propósito totalmente contrário, como se fossem, na verdade, a fonte de muitas sensações ruins. E não me refiro somente à bagunça ou falta de limpeza, até porque, grande parte desses lugares não aparentam ser tão ruins assim. Na verdade, sua influência sobre nós é muito sutil, e só nos damos conta do quanto somos afetados por eles muito tempo depois.

É quase inevitável que, pelo menos uma vez na vida, nós passemos por alguma experiência desse tipo. Quem sabe, em uma reunião de colegas de faculdade, sejamos bem recebidos e fiquemos maravilhados com aquilo que está ao nosso redor – uma aura de suposta liberdade para dizer o que pensamos sem medo de julgamentos e restrições?! Nós nos sentimos tão à vontade que entramos quase que em um estado de sugestão, sendo menos questionadores a respeito de algum comportamento específico.

Não muito tempo depois, ideias e atitudes que pareciam estar muito distantes da nossa realidade tornam-se comuns. Quantas são as histórias de jovens, adolescentes ou mesmo crianças que passaram a beber, fumar ou "ficar" com outros apenas para continuar fazendo parte de um círculo? Ou de adultos formados que tiveram suas mentes totalmente modificadas por ideologias ou correntes de pensamentos contrárias àquilo que elas acreditavam, somente porque foram absorvidas pelo ambiente?

Entre todos esses exemplos de ambientes tóxicos, creio que não exista um pior do que os lares disfuncionais ou onde existam relacionamentos abusivos. O perigo desses lugares é quase imperceptível, já que eles envolvem uma série de sentimentos, como paixão, cuidado e apego. Muitas vezes, em nome do "amor", ou para manter uma relação que dura há anos, homens e mulheres se submetem a condições sub-

-humanas, convivendo diariamente com a violência, o descaso e a humilhação. Com o tempo, não é possível mais distinguir onde está a motivação para tudo aquilo ter começado e, no meio do caminho, sonhos, projetos e toda a esperança de um futuro de alegria são abandonados.

No fim, mesmo quando essas pessoas escapam desses locais, acabam marcadas para o resto de suas vidas, necessitando de acompanhamento e suporte a todo instante. Em casos mais extremos, onde houve um trauma ou ferida na alma, apenas o toque do Espírito Santo poderá trazer uma cura real e livrar esse indivíduo das marcas que carrega, ressignificando tudo o que pode ser uma fonte de dor. Por isso, é tão importante que estejamos atentos ao ambiente onde estamos, principalmente quando temos consciência de que foi Deus quem nos enviou para lá.

Como agentes de transformação, precisamos estar firmes no propósito divino, enxergando além daquilo que é aparente e que pode até mesmo alegrar nossos olhos. Mais do que prazeres momentâneos, o Senhor deseja que desfrutemos de uma alegria que não tem fim e que permaneça ainda que tudo desmorone, pois este é um sentimento que parte do Seu coração e não é fruto daquilo que o homem constrói. Porém, como em todas as outras vezes, precisamos fazer nossa escolha por crer acima de sensações ou indicativos do ambiente, mas sermos guiados pelos mandamentos do Senhor:

Prestem atenção! Hoje estou pondo diante de vocês a bênção e a maldição. Vocês terão bênção, se obedecerem aos mandamentos do Senhor, o seu Deus, que hoje lhes estou dando; mas terão maldição, se desobedecerem aos mandamentos do Senhor, o seu Deus, e se afastarem do caminho que hoje lhes ordeno, para seguir deuses desconhecidos. (Deuteronômio 11.26-28)

COMPANHIAS

O segundo ladrão da alegria é um dos mais fáceis de identificarmos, porém um dos que mais engana as pessoas ao nosso redor. As companhias estão diretamente relacionadas com os ambientes onde estamos, todavia elas são muito mais íntimas e nos atingem em pontos muito sensíveis. Afinal, qualquer pessoa que deseja evitar influências exteriores vai fazer de tudo para fugir de determinados lugares. Entretanto, os relacionamentos que alimentamos ao longo da vida não precisam, necessariamente, de um lugar para acontecer, pois são fundamentados, em essência, no coração.

Portanto, caso você já tenha terminado a escola ou se mudou da vizinhança onde cresceu, deve ter lembranças muito nostálgicas desse tempo. As brincadeiras, os cheiros, as festividades, o jeito das pessoas, as broncas, brigas e, finalmente, as amizades. Aliás, durante a infância e a adolescência talvez seja o momento em que somos mais intensos na criação de laços com outras pessoas. Seja por afinidade em algum assunto ou por conviver no mesmo ambiente por longos anos, as memórias que carregamos de determinadas pessoas em nossa existência podem nos acompanhar até nosso último suspiro.

Existem grupos de amigos ou turmas do colégio e faculdade que mantêm esse vínculo por décadas, marcando encontros anuais ou criando algum grupo nas redes sociais para compartilhar fotos e relembrar episódios do passado. Quando entramos nesse *looping* de emoções, pensamos como seria se tivéssemos alimentado algumas amizades e nos perdemos imaginando romances que nunca aconteceram. Em casos em que há ainda mais proximidade, alguns até se tornam padrinhos de casamento uns dos outros ou sócios em empresas. Mesmo assim, não importa em qual desses cenários você se encaixe, dificilmente as coisas permanecem da mesma maneira.

Quero dizer que, não importa a pessoa, todos nós nos transformamos ao longo da vida. Sofrimentos, perdas, distância, escolas, namoros, filhos... Cada acontecimento nos marca de alguma forma e contribui para que formemos nosso caráter. Logo, na mesma intensidade em que podemos amadurecer e nos tornarmos referência para alguém, podemos acumular mágoas e deixar a alegria em segundo plano, sendo amargurados e descrentes. Creio que, até aqui, você já tenha aprendido a importância de ressignificar diversos processos e não deixar que esse tipo coisa aconteça, porém precisamos ficar muito atentos para não sermos enganados por certas companhias que, num primeiro momento, parecem inofensivas. A Bíblia é bem clara quanto às más influências sobre nossas vidas:

> Aquele que anda com os sábios será cada vez mais sábio, mas o companheiro dos tolos acabará mal. (Provérbios 13.20)

> Não se deixem enganar: "as más companhias corrompem os bons costumes". (1 Coríntios 15.33)

Devemos tomar muito cuidado com as pessoas com quem caminhamos e para quem decidimos abrir a porta de nossos lares. Assim como podemos edificar um relacionamento duradouro que gerará frutos maravilhosos, também arriscamos ao dar abertura para indivíduos que nos retiram do caminho correto e nos fazem esquecer do propósito divino.

Nossa atenção deve ser redobrada quando lidamos com pessoas que não conhecemos profundamente, mas que possuem certo grau de credibilidade por meio de suas palavras. O ser humano é falho, e nos impressionamos muito fácil com belos discursos ou a validação de conhecidos e profissionais renomados, sem ao menos darmos chance ao Espírito Santo para nos guiar. Não devemos agir de forma irracional, mas nos movermos por aquilo que é decretado no Alto e está alinhado com a nossa fé.

Lembro-me de que, quando recebi a notícia da cura do câncer no cérebro e na garganta, senti meu coração transbordar de gratidão por essa nova oportunidade dada por Deus. Eu sabia que estava no caminho da cura completa, mesmo que isso significasse continuar com o tratamento por causa do tumor que permanecia no nariz. Porém, minha fé foi posta à prova diante da desconfiança do médico a respeito do meu milagre, como se para ele tudo o que já havia acontecido não bastasse. São em situações como essa que temos a chance de prosseguir crendo ou deixarmos que os ladrões da alegria sepultem tudo o que construímos. Em momentos assim, devemos nos apegar à Palavra que diz:

> Cuidado, irmãos, para que nenhum de vocês tenha coração perverso e incrédulo, que se afaste do Deus vivo. Pelo contrário, encorajem-se uns aos outros todos os dias, durante o tempo que se chama "hoje", de modo que nenhum de vocês seja endurecido pelo engano do pecado, pois passamos a ser participantes de Cristo, desde que, de fato, nos apeguemos até o fim à confiança que tivemos no princípio. (Hebreus 3.12-14)

> "Porque sou eu que conheço os planos que tenho para vocês", diz o Senhor, "planos de fazê-los prosperar e não de lhes causar dano, planos de dar-lhes esperança e um futuro". (Jeremias 29.11)

[...] Ide, comei as gorduras, e bebei as doçuras, e enviai porções aos que não têm nada preparado para si; porque este dia é consagrado ao nosso Senhor; portanto não vos entristeçais; porque a alegria do Senhor é a vossa força.
(Neemias 8.10 – ARC)

Eu já estava assentado na mesa do Pai e havia começado a desfrutar do banquete que Ele preparara para mim. Portanto, não poderia parar ali, pois sabia que o prato principal ainda estava para ser servido. Foi então que entendi: para que a alegria do percurso fosse mantida até o final daquelas provações, eu deveria manter um espírito de gratidão.

UM ESPÍRITO GRATO

Se sabemos que ao alcançar a linha de chegada teremos aprendido lições valiosas e crescido em graça, por que não somos gratos mesmo que antecipadamente? Daquele momento em diante, eu decidi ressignificar todo diagnóstico contrário ao meu milagre, agradecendo ao Senhor pela oportunidade de passar por aquele deserto. Quando tive esse entendimento, uma chave virou na minha cabeça. Por mais que não aceitasse aquela doença e tudo o que ela gerava em minha vida, deixei de lado a preocupação momentânea e comecei a vislumbrar o futuro: a cura total e o testemunho que viriam com ela.

Sei que tudo isso parece muito simples, mas experimente dar graças a Deus em todo tempo, mesmo quando não há incentivos para tanto. Mesmo que o ambiente onde você esteja seja corrompido e pecaminoso, seja grato por ter a chance de ser luz naquele lugar. Ainda que as suas companhias e quem apareça no meio do trajeto tente fazê-lo desistir, agradeça ao Senhor pela medida de fé e a força que Ele concederá para que você avance mais alguns metros em direção à vitória.

Se existem ladrões da alegria a cada esquina, esperando apenas um deslize para que eles possam retirar tudo o que você tem, também existe um Advogado Fiel e o Guarda de Israel para defendê-lo de todo ataque. Sendo assim, dê o primeiro passo de fé e aguarde pela ação sobrenatural que o fará romper e avançar para os próximos degraus.

CAPÍTULO 7

CIRURGIA E CURA

Na data marcada, fui a Porto Alegre dar entrada no Hospital Santa Rita para fazer minha cirurgia. Já me sentia muito debilitado com o avanço da doença, pesando, na época, trinta e seis quilos. Usava um curativo que passava pela parte inferior do tumor e era preso no meu maxilar, como uma forma de imobilizá-lo. Porém, era algo que me machucava muito, deixando a região avermelhada e assada. Não via a hora de tudo aquilo acabar.

Já no hospital, fui atendido por um dos médicos que passou os detalhes da internação e do procedimento complexo para a retirada do tumor. Meu rosto seria totalmente aberto e, após a remoção, passaria por uma reconstituição facial. Caso tudo fosse bem-sucedido, deveria ficar sessenta dias internado, metade desse tempo, provavelmente, na UTI.

Na internação, dividi o quarto com outras pessoas. Conheci vários pacientes que passavam por contextos semelhantes ao meu, como o Paulo. No dia em que cheguei, ele aguardava uma cirurgia para a retirada de um tumor enorme que se alojava em sua barriga. Ele estava indignado, pois sua intervenção foi cancelada pouco tempo antes e por conta dos pré-operatórios, ainda estava de jejum.

O Paulo tinha vinte e oito anos, era um homem muito bravo e reservado. Por diversas vezes tentei conversar, mas ele se mantinha, na maior parte do tempo, calado. Talvez pela minha insistência, no segundo dia de internação ele finalmente me respondeu. Aos poucos, começamos a trocar algumas palavras e não demorou para ficarmos muito próximos. Durante os meus três dias ali, criamos um verdadeiro elo. Sempre que podia, ele corria pelo quarto e depois se jogava em cima das camas que tinham rodinhas, fazendo-as deslizar pelo quarto e bater contra a parede. Por mais simples que fosse, aquilo me fazia rir e esquecer da situação em que estávamos.

Além do Paulo, eu tinha como colega de quarto o Júlio, um senhor de uns setenta anos, com câncer no fígado. Sua cirurgia envolvia a retirada de quase setenta por cento do órgão. Felizmente, ele tinha a companhia de sua esposa e da filha.

•

Na véspera da minha cirurgia, por volta das dez da noite, eu estava no corredor da ala médica, retornando ao meu quarto, quando passei na frente de alguns outros. À minha direita, vi uma pessoa que me impressionou muito. Na hora que olhei, não sabia se quem estava deitado era um homem ou uma mulher. Sua face estava deformada, tendo apenas um dos olhos. Não tinha nariz nem boca; e o maxilar estava bem prejudicado. Poderia ter seguido em frente, mas algo me fez entrar no quarto.

Ao me aproximar, percebi que era uma mulher. Comecei a falar, mas ela não conseguia me responder. O marido, que a acompanhava, explicou que ela se chamava Vitória e já estava ali há um bom tempo. Tinha descoberto um câncer de pele, que foi se aprofundando até corroer todo o rosto. Para tentar salvá-la e conter a doença, tiveram de remover a maior parte da face.

A Vitória tinha um enxerto no local, algo parecido com esponjas, que tentavam absorver a podridão do câncer. Contudo, o procedimento não havia dado resultado. No caso dela, utilizaram tecido de sua própria perna, mas seu corpo estava rejeitando. Agora, aquele tecido apodrecido teria de ser retirado através de outra cirurgia. O quarto cheirava mal e a situação ali não era nem um pouco agradável.

Senti que a minha dor era pequena, que eu era pequeno. Mesmo assim, sabia que maior do que tudo aquilo era Deus. Olhei para a mulher e perguntei se poderia orar por ela. Vitória esticou a mão, tentou pegar um papel sobre a mesa na lateral da cama e foi ajudada por seu marido, que também lhe deu uma caneta. Ela escreveu "sim". Da mesma forma como várias vezes vi o meu pastor orar por mim, comecei a orar pela mulher. Naquele momento, percebi que Deus havia me dado um dom, porque comecei a ter uma espécie de visão. Era como se pequenos canos estivessem engatando no rosto dela, fluindo sangue para sua face. Enquanto observava aquela cena, ouvi uma Voz, como se Deus me pedisse para dizer a ela o que estava acontecendo. Logo, repeti em voz alta:

— Vitória, o meu Deus diz que está reconstituindo o seu rosto, operando o que os médicos não conseguiram.

Aquele momento foi muito forte, extremamente poderoso. A Vitória começou a lacrimejar. Pegou o papel de volta e escreveu "eu creio, eu creio". No outro dia, uma quarta-feira, seria a minha cirurgia, logo às seis da manhã. A cirurgia da mulher ocorreria um dia depois, na quinta-feira. Despedi-me do casal e desejei boa sorte, logo, voltei para o meu quarto.

Na manhã seguinte, fazia muito frio. Eu usava apenas um jaleco, e estava pronto para a cirurgia. Tinha a esperança de que logo "apagaria" e, quando retornasse, tudo teria passado. Comecei a criar expectativas de que voltaria a ter minha vida. Estava nervoso, porém animado, sabendo que poderia respirar normalmente, comer o que quisesse, ir à escola e jogar bola. No entanto, uma enfermeira trouxe uma notícia que tirou meu chão:

— Lucas, tenho uma notícia não muito boa. A equipe médica está reunida, mas falta o pessoal da cirurgia plástica. Eles não puderam vir; foram a um congresso e não vão conseguir chegar a tempo. Vamos ter de remarcar sua cirurgia.

Eu estava há quase dois anos esperando por aquele dia. Comecei a chorar de desespero e desânimo. A enfermeira tentou me consolar, segurando a minha mão, mas eu estava desolado. Então, ouvi uma voz dentro de mim querendo tomar conta da minha razão e da minha fé: "Cadê o seu Deus? Ele está fazendo você sofrer mais um pouco!".

Nada disso, não podia deixar aquele pensamento me cegar. Acalmei o coração. Deveria ter uma razão para a minha cirurgia não acontecer. Mesmo triste, resolvi que tinha de manter a esperança. Voltei ao meu quarto, troquei de roupa e juntei minhas coisas. O Paulo também ia embora. Veio para se despedir de mim, pois sua cirurgia havia sido cancelada e remarcada. No fim das contas, eu não era o único naquela situação. Lembrei da Vitória na mesma hora e resolvi saber como ela estava antes de partir. Quando entrei no seu quarto, o marido se aproximou e começou a chorar. Imaginei que algo muito ruim tivesse ocorrido, mas fui surpreendido com o relato dele:

— Inexplicavelmente, depois que você orou, por volta das três horas da madrugada, o médico veio ver a Vitória e começou a olhar o rosto dela, mas não me dizia nada. Voltou às seis e depois às sete horas, e sempre fazia umas caras de espanto. Só então ele explicou que o enxerto, aparentemente rejeitado, parecia outro, como se já tivessem passado dias do procedimento. O tecido estava sendo aceito pelo corpo da minha mulher. Por essa razão, possivelmente, em poucos dias, ela teria alta. Eles voltariam para casa depois de um ano confinados naquele quarto. Ouvir esse testemunho me encheu de uma alegria diferente, por saber que tinha sido um instrumento para ajudar outra pessoa. Agradeci a Deus pela oportunidade e voltei ao meu quarto.

Tive outra surpresa ao chegar lá, quando a filha do Júlio, Mariana, me pediu que também orasse pelo seu pai antes de eu sair do hospital. Quase sem acreditar, aproximei-me da família e juntamos as mãos – eu, Mariana, Júlio e a sua esposa, Fernanda. Fechei os olhos e orei em voz alta:

— Deus, mande poder do Céu! Mande fogo e queime todo esse câncer que está dentro do fígado do Júlio. Deixe apenas uma marca para os médicos verem que o Senhor é Deus. Assim como fará comigo, faça com ele.

No fim da oração, todos estavam chorando. Abraçamo-nos e voltei para casa à espera de uma nova oportunidade de ver meu calvário ter um fim.

Domingo, logo pela manhã, o meu telefone tocou. Era a Fernanda, esposa do Júlio:

— Lucas, tenho algo para contar. Você não vai acreditar! Quando os médicos abriram a barriga do meu marido para retirar o câncer, ficaram apavorados. Não havia tumor nenhum, somente uma bolinha preta, parecida com um carvão. Na hora que soube disso, lembrei da sua oração a Deus, pedindo que Ele mandasse fogo e queimasse todo o câncer, deixando apenas uma marca para os médicos. Foi exatamente isso que aconteceu!

Em dois dias, o Júlio teria alta. Também soube que a Vitória havia sido liberada dois dias depois que a vi no hospital. A minha felicidade foi plena, percebi que algo estava acontecendo através da minha vida – como se tudo o que passamos hoje fosse um aprendizado a ser utilizado depois, com outras pessoas que sofrem na mesma área. Entendi que aquela era a vontade de Deus. Lembrei-me de Jesus, que foi crucificado e humilhado para mostrar ao mundo o caminho do amor.

Na semana seguinte, quando minha mãe voltava para casa, saindo do serviço, viu o pastor de uma igreja da nossa cidade andando de bicicleta pela rua. Naquele momento, ela sentiu algo e foi ao seu encontro. Era o pastor Alcides, uma pessoa muito humilde e conhecida pelo dom da cura. Quando o pastor parou, minha mãe pediu que ele fosse à nossa casa orar por mim. Explicou também sobre a minha cirurgia, que deveria ocorrer em duas semanas. Mesmo não sendo nosso pastor, ele se disponibilizou prontamente e seguiu com ela. Assim que o vi entrando pela porta, senti um impacto, como se ele não estivesse sozinho. O pastor Alcides se aproximou, colocou a mão na minha cabeça e começou a orar:

— Lucas, eu vejo o Céu se rasgar! Anjos estão descendo com instrumentos cirúrgicos em suas mãos. A sua casa está se tornando um bloco cirúrgico. Quando você voltar ao hospital, em Porto Alegre, os médicos vão ver que a cirurgia já foi feita.

Senti uma ardência na face e muita dor, parecia que alguém mexia no meu rosto. Mesmo depois de o pastor ir embora, a dor continuava, aumentando cada vez mais. Passei a tomar morfina de meia em meia hora, sem efeito. A única maneira de aliviar o incômodo era me ajoelhando no chão e colocando a cabeça entre as pernas, curvado. Fiquei assim um bom tempo e ouvi:

— Filho, fale para as pessoas que a dor delas, independente de qual seja a área, só passará no momento em que aprenderem que existe um Deus disponível a ouvi-las e a curar suas feridas. Fale para elas que estou aqui para curar. A dor passará quando dobrarem os joelhos e entenderem que existe um Deus acima de todas as coisas.

Passei quase uma semana ajoelhado, na mesma posição. Durante aqueles dias, as dores permaneciam intensas. Minha mãe, em desespero, achando que era o meu fim, que morreria, chamou o pastor Mário. Foi desse jeito, de joelhos dobrados e com a cabeça entre as pernas, que ele me encontrou. Tentou falar comigo, mas não respondi nem me mexi, tamanha era dor que sentia. Então, ouvi de novo a mesma Voz dizendo:

— Lucas, você vai superar isso. Há algo muito especial preparado para você: carregar um testemunho de vida e superação. A dor de cada pessoa vai passar quando aprenderem a colocar os joelhos no chão e o rosto no pó; quando aprenderem a ficar em silêncio diante da dor e souberem que Eu os escuto e tenho todo o poder.

Após certo tempo, chegou o dia de seguirmos para Porto Alegre novamente. Dessa vez, eu esperava que não houvesse mais contratempos e que meu sonho, de voltar a ter uma vida normal, pudesse ser concretizado. Retornei ao Hospital Santa Rita, acompanhado da minha mãe e, curiosamente, reencontrei o Paulo, que também havia voltado para realizar sua cirurgia na barriga.

Refiz todos os procedimentos pré-operatórios e escutei os médicos repetirem sobre a gravidade do meu problema, de como aquela cirurgia seria complicada. Alguns deles diziam que poderia demorar de dezoito a vinte e quatro horas. O corte, para retirada do tumor, começaria na altura do meu olho direito, passando pelo nariz e seguindo em direção à úvula, junto à garganta. Cortariam várias camadas de pele para conseguirem alcançar o tumor que se alojara em uma região muito profunda. Seriam sete equipes médicas se revezando, um total de setenta e sete profissionais.

Quando me deitei na maca usando apenas o jaleco, senti o frio do clima e da ansiedade da espera. Via as luzes do teto passando à medida que era conduzido pelo corredor em direção ao bloco operatório do hospital. Comecei a ver vários médicos, muitos batendo no meu peito ou na maca, desejando-me boa sorte. Percebi que havia muita gente para ver a minha cirurgia, além, claro, dos que me operariam.

O frio na barriga aumentou. Ocorreu-me que havia algo que precisava fazer. Ao estar ali, a poucos minutos de uma intervenção cirúrgica de alto risco, virei-me para os membros da equipe médica e perguntei se poderíamos dar as mãos. Expliquei que queria orar, porque, naquele momento, Deus estaria utilizando as mãos deles para me curar. E que aquilo que eles, médicos e assistentes, não pudessem fazer, Deus faria. Todos, emocionados, deram as mãos e percebi que alguns foram às lágrimas. Depois disso, não demorou muito para que a anestesia fizesse efeito e eu logo perdesse a consciência.

Com oito horas de cirurgia, o médico responsável saiu da sala à procura da minha mãe. Ele estava chorando, o que a fez se desesperar e pensar no pior. Em meio àquela angústia de não saber nada sobre o procedimento, o médico balançou a cabeça em sinal negativo e contou o que viu lá dentro, transformando o choro da dona Silvia em um sorriso. Com mais de quarenta anos de medicina, o cirurgião estava surpreendido com o que ocorrera e que lhe fugia à explicação. Quando começaram a abrir o meu rosto, eles esperavam encontrar o tumor cheio de "raízes cancerígenas", espalhadas por toda a extensão da face. No lugar disso, o aspecto encontrado era de que algum outro procedimento cirúrgico já havia sido realizado anteriormente. O tumor estava solto e não havia nenhuma outra ligação. A equipe só teve o trabalho de puxar o câncer para fora e realizar as demais etapas da cirurgia. Num misto de alegria e lágrimas, minha mãe respondeu:

— Eu sei quem fez isso. Não foi você! Foi o Médico dos médicos: Deus!

O doutor ficou contrariado, afinal aquilo não era possível, ele era o meu único médico. Mas minha mãe tinha certeza do que havia acontecido.

Quando acordei, ainda na mesa de cirurgia, o médico sorriu e disse: "Pode pular para a outra cama que deu tudo certo". Fui transferido para a UTI. Foram feitos mil e oitocentos pontos no meu rosto. O meu olho direito fechou, porque estava muito inchado. Além disso, eu tinha uma traqueostomia e usava sonda. Entrei, por fim, em estado de coma.

No segundo dia de UTI, senti uma mão no meu pé. Era o Paulo. Eu não me mexia, não falava, mas ouvia tudo que acontecia em volta. Ele tinha ido até a minha cama para me ver e falar comigo. Ainda que fosse descrente, dizendo sempre que não acreditava em Deus, ele me surpreendeu com as suas palavras:

— Lucas, vim aqui visitá-lo e dizer que esse seu Deus é muito bom! Logo, você vai sair daí e estaremos juntos.

Quando ele falou de Deus, senti algumas lágrimas escorrerem pelo meu rosto.

Os dias passavam muito lentos. Meus olhos continuavam inchados e ainda não conseguia abri-los. Ouvi quando o cirurgião plástico se aproximou e começou a falar comigo:

— Lucas, hoje, você vai voltar a enxergar, garotão!

O médico começou a abrir um dos olhos bem devagar, porém doía do mesmo jeito. Quando finalizou o trabalho nos dois, colocou colírio e limpou, garantindo que eu conseguisse ver. Três dias depois, quase vim à óbito. A traqueostomia formou um coágulo de sangue, que empedrou e não me permitia respirar. Comecei a me debater sobre a cama por causa da falta de ar. Minha mãe chamou a enfermeira de plantão. Foram instantes difíceis: fiquei cerca de cinco minutos apagado.

Durante aqueles momentos, algo aconteceu. Passei por uma experiência conhecida na medicina como Experiência de Quase-Morte (EQM), associada à projeção de consciência. De repente, passei a ver tudo o que ocorria na sala de UTI, porém do alto, como se estivesse com as costas no teto. Via o meu corpo deitado e, ao lado, minha mãe, em prantos, pedindo a Deus que não me deixasse morrer. De repente, senti um vento e uma luz entrando naquele ambiente como um grande feixe. Lá de dentro, vi surgir um arcanjo, que veio em minha direção e disse:

— Hoje a morte não o levará, porque você tem uma promessa de Deus perante a sua fé. Venho em nome d'Aquele que você glorifica. Venho em nome de Deus para dizer: Lucas, volte!

A UTI era um lugar totalmente vedado, portanto não havia janelas, para evitar a entrada de bactérias. Mesmo assim, enquanto eu tinha aquela visão, um vento forte entrou na sala, derrubando várias coisas. Um caroço também saltou de dentro da minha traqueostomia e voltei a respirar em seguida. Dois dias depois, saí do estado de coma e da UTI. A previsão era que eu ficasse sessenta dias internado no hospital; mas com sete, já estava em um leito comum. Mais trinta dias e estava em casa. Após três meses, voltei à escola.

Meu rosto, que deveria ter ficado deformado, não atendeu às expectativas. Com o passar do tempo, as cicatrizes se tornaram praticamente imperceptíveis. Seis meses depois, já participava de congressos. Um menino contando sua história de fé a outras pessoas. Passei a dar palestras sobre minha experiência de cura. Iniciei recebendo convites para ministrar em pequenas igrejas, e, logo, as minhas palavras começaram a repercutir. Diante disso, passaram também a me chamar para falar em diferentes locais: prefeituras, escolas e grandes eventos. O público, por vezes, variava entre mil e cinco mil pessoas. Viajei para muitas cidades do Rio Grande do Sul, de outros estados e até mesmo para fora do País. Como as palavras de Deus ao meu respeito haviam se cumprido, pude ser usado para ajudar pessoas justamente com aquilo que enfrentei.

Da mesma forma, o Senhor deseja que cada um de nós seja referência nas áreas em que mais fomos afetados. Não existe tradução melhor para "ressignificar": transformar o que nos machucava em fonte de inspiração para quem nos rodeia. Depois de vencer desafios, ultrapassar a dor e os momentos de desespero, temos autonomia para falar sobre esse assunto com propriedade.

Pense sobre como você tem encarado os focos de dor em sua vida: como fontes de capacitação e relevância ou meros problemas sem solução? Escreva sobre isso:

_____

_____

_____

_____

_____

_____

_____

_____

_____

_____

_____

_____

_____

_____

CAPÍTULO 8

FOCOS DE DOR: OPORTUNIDADE OU PARALISAÇÃO?

Muitas pessoas, em especial as mais velhas, quando querem transmitir alguma experiência ou aprendizado, fazem diversas analogias e ilustrações sobre a vida. Há quem compare nossa existência como a escalada de uma montanha, permeada por ventanias e deslizamentos. Outros preferem encarar nossa trajetória na Terra como uma caminhada em direção a um objetivo, seja ele a evolução e o amadurecimento, ou a eternidade e uma vida no Paraíso. Entretanto, independentemente da abordagem, ninguém é capaz de descartar alguns momentos-chave que acontecem ao longo do percurso: os obstáculos no meio do caminho e a transição para novos níveis.

O interessante nisso tudo é que, na maioria das vezes, nós não conseguimos diferenciar cada uma dessas situações. Na verdade, grande parte das pessoas enxerga apenas as dificuldades, como se elas fizessem parte de um ciclo sem fim, mas que não leva a lugar algum. Já falamos um pouco sobre a necessidade de olharmos para trás e observamos o ponto de onde saímos e onde estamos hoje. Porém, mais do que isso, precisamos observar com atenção os instantes em que "o terreno se eleva".

Para compreender essa questão de uma forma menos complicada, vamos chamar esses episódios da vida de focos de dor. Em outras palavras, são as circunstâncias ou acontecimentos em que alguma coisa muda drasticamente, e tudo o que vem depois é fortemente influenciado por esse episódio. Assim como sabemos que os traumas possuem um importante papel nesse sentido, esses momentos também podem simbolizar crescimento, um avanço em direção a novos conhecimentos e estratégias.

Agora, toda essa lógica é bagunçada quando vivenciamos na prática os focos de dor. Afinal, percebemos que de um mesmo lugar, dois resultados podem surgir: a oportunidade e a paralisação. Imagine que, na mesma intensidade em que podemos ser marcados de forma negativa, algumas situações são cruciais para que nossa vida dê uma guinada completa. Lembro-me de começar a entender um pouco melhor essas questões durante meu processo de tratamento contra o câncer, especificamente quando tive um contato muito próximo com pessoas que enfrentavam o mesmo tipo de enfermidade que eu.

É quase impossível descrever a sensação de ser desenganado pelos médicos e sentir que sua vida pode acabar em um piscar de olhos. Tenho a impressão de que isso se agravava ainda mais quando olhava para as pessoas à minha volta e percebia como a vida delas era diferente da minha em todos os aspectos. Por mais que ambos fôssemos seres humanos, eu não tinha a mesma liberdade que meus amigos e parentes, e tudo o que fazia exigia planejamento e uma análise profunda se aquilo realmente era necessário.

No entanto, tudo mudou quando passei a frequentar diversas clínicas e consultórios médicos, observando pessoas nos mais diferentes estágios da doença. Quando, enfim, minha vida resumia-se a vários dias internado, na incerteza de fazer ou não um procedimento cirúrgico, percebi algo diferente no ar.

Não posso dizer que isso tenha sido voluntário, mas o Senhor começou a me usar como uma ferramenta em meio àquelas salas lotadas de pacientes aguardando sua vez de serem operados, ou recuperando-se de suas próprias cirurgias.

Em geral, quando um grupo de pessoas passa por um acontecimento que muda a História, elas não têm muita consciência de que algo tão extraordinário aconteceu. Da mesma forma, enquanto Deus fazia Sua obra por meio de mim dentro daqueles hospitais, eu não fazia ideia do que aquilo representaria no meu futuro. De fato, o terreno estava se elevando, ainda que a minha percepção naquele instante fosse de dor contínua. E tudo isso só foi possível quando as dificuldades dos outros passaram a ser maiores que as minhas.

A cada minuto que se passava, todo o incômodo do tumor me lembrava minha condição, porém, estando diante de tantos outros casos sem solução, em que homens e mulheres sofriam diariamente, eu precisava colocar minhas queixas de lado e ser útil com aquilo que estava à minha disposição. E isso me trouxe algo muito forte, uma felicidade verdadeira e mais um motivo para persistir. A partir daí, passei a redimensionar o meu problema, entrando em harmonia com a vontade de Deus.

Infelizmente, mesmo que essa atitude pareça tão clara e simples, nem todo mundo tem coragem de fazer esse questionamento, talvez por medo de ouvir a resposta ou de compreender que esse é apenas o primeiro passo de um longo processo. E não há nenhum problema quando isso acontece, pois estamos aprendendo; e são justamente os erros que mais nos ensinam. Digo mais: são poucas as pessoas que possuem a calma necessária para compreender quando estão passando por um foco de dor. O que não pode acontecer é ficarmos paralisados.

E quando o assunto é estagnação, você, com certeza, já deve imaginar a infinidade de formas como isso pode se manifestar, bem como as consequências de permanecer no mesmo lugar. Para exemplificar, a não ser que você possua um talento inato para se comunicar ou uma facilidade incomum de enfrentar situações de pressão, é bem provável que tenha passado pela terrível experiência de travar diante de uma apresentação a muitas pessoas. As mãos ficam geladas, o suor aparece por todos os cantos do corpo, as pernas ficam trêmulas e a boca seca por completo. Naquele instante, parece que toda a preparação e o conteúdo que foi estudado anteriormente desaparecem e somos tomados por um nervosismo incontrolável. Em alguns casos, pessoas chegam a desmaiar ou entram numa crise de choro, como uma válvula de escape do próprio corpo para evitar o constrangimento. E o pior de tudo é o questionamento que vem depois: "Mas por que isso aconteceu? Eu sabia todo o conteúdo, tinha tudo na ponta da língua. Respirei fundo, treinei na frente do espelho, mas parece que nada disso adiantou!". É nesse exato momento que podemos cair em um dos erros mais comuns e, ao mesmo tempo, prejudiciais que podem acontecer em nossas vidas: a vitimização.

A VITIMIZAÇÃO

Esse é um assunto muito delicado, então, antes de tudo, aprenda a diferenciar a vitimização de um trauma. Dessa maneira, conseguimos identificar quando possuímos nossa parcela de culpa em algum problema ou quando aquela situação específica fugiu do nosso controle e nos afetou. Com isso em mente, gosto de definir a vitimização como um produto da "não ressignificação". Penso que, seja porque ainda não ultrapassaram alguns dos obstáculos que atrapalham no processo de transformação ou qualquer outro motivo, muitas pessoas adentram em grandes conflitos mediante a rejeição, perdas, dores, maus-tratos, falta de dinheiro e a fome, por exemplo.

Sendo assim, quando estão passando por esses momentos de confronto ou adversidade, todo o foco está na dor, e o mínimo de aprendizado que aquele acontecimento poderia conceder é totalmente ignorado. Por outro lado, posso falar, com autoridade, que o segredo para superar muitas dessas dificuldades e evitar a vitimização está em ressignificar o sofrimento. Uma pessoa que sente e age o tempo todo como vítima, segue com atitudes de autopunição e acaba por ficar com uma baixa estima. Nesse caso, a única saída é uma nova mentalidade:

> Não se amoldem ao padrão deste mundo, mas transformem-se pela renovação da sua mente, para que sejam capazes de experimentar e comprovar a boa, agradável e perfeita vontade de Deus. (Romanos 12.2)

O conselho dado pelo apóstolo Paulo aos romanos continua servindo ao seu propósito nos dias de hoje. Até porque todos nós necessitamos de novas formas de pensamento, alinhadas não ao padrão do mundo, mas sim à mente de Deus. O tempo em que vivemos, por incrível que pareça, mesmo com tantos avanços e descobertas a respeito da saúde mental, sofre de uma valorização do vitimismo. Apesar de, no princípio, a aceitação e cuidado de pessoas traumatizadas tenha livrado muitas de ciclos abusivos, também permitiu que as carentes por atenção ou desesperadas por lançar seus problemas nas mãos de outros, tivessem sua deixa. O resultado mais trágico desse comportamento é uma banalização das dificuldades, como se fosse maravilhoso estar em um estado constante de sofrimento, mas que não gera nenhum amadurecimento ou lição para a vida. Fico pensando se eu ou tantos outros sobreviventes que sofreram com doenças graves decidissem viver às custas das suas dores do passado. Seriam poucas as histórias inspiradoras a se ouvir, e todos chegariam à conclusão de que a vida não tem sentido, não há vitórias mediante a fé e a confiança.

Pela graça do Senhor, tive o entendimento que não poderia permanecer naquele foco de dor pelo resto da minha existência. A promessa que Ele havia me feito ensinou-me a entender aquele momento de provação como o teste que me levaria ao próximo nível, e seria o trampolim pelo qual muitas pessoas seriam tocadas. Entre tantos elementos importantes que me auxiliaram nesse sentido e mudaram minha mentalidade, destaco a esperança, o ânimo e a motivação.

ESPERANÇA

Todavia, lembro-me também do que pode dar-me **esperança**: Graças ao grande amor do Senhor é que não somos consumidos, pois as suas misericórdias são inesgotáveis. Renovam-se cada manhã; grande é a tua fidelidade! Digo a mim mesmo: A minha porção é o Senhor; portanto, nele porei a minha **esperança**. (Lamentações 3.21-24 – grifo do autor)

A leitura do livro de Jeremias, bem como suas lamentações, deu a esse profeta o apelido de "chorão". É bem verdade que grande parte dos seus textos são caracterizados pela angústia e pela memória dos tempos em que Jerusalém era uma bela cidade, governada por reis justos e tementes ao Senhor. Todavia, ao olhar para essa passagem específica, mesmo com todas as reclamações feitas por Jeremias nos versículos anteriores, ele reúne suas forças e compreende que a solução para o seu problema estava na esperança.

A esperança acaba por funcionar como uma chave, abrindo possibilidades de caminharmos em direção aos melhores resultados para encontrar a rota da felicidade. É uma via condutora que "transforma sonhos em realidade", porque induz a um sentimento positivo de que tudo vai dar certo, não importando se os indicativos são totalmente contrários.

Durante o meu processo do câncer, pude desenvolver esse sentimento especial, pois tinha esperança de que superaria a doença. Era mais um elemento de força que a fé em Deus produzia em mim. Ter esperança é algo impactante, que nos conduz a uma série de outros sentimentos, como entusiasmo e expectativa pelo que virá. Ter esperança faz com que você encontre energia e disposição para seguir adiante, mesmo que tudo pareça perdido e você esteja à beira da morte, pois um alento do Céu nos preenche, assegurando-nos de que uma resposta fora do previsto chegará.

ÂNIMO

> Quando clamei, tu me respondeste; deste-me **força e coragem** [ânimo]. (Salmos 138.3 – acréscimo e grifo do autor)

O ânimo é um princípio do movimento da vida e está diretamente ligado à fé. Muitas vezes, quando tratamos sobre ressignificação, temos duas opções: exercer a fé ou a razão. E dependendo de nossa escolha, veremos diferentes reflexos em nosso futuro. Mesmo sendo um ser racional, todo seguidor de Cristo é, em primeiro lugar, um ser espiritual. Logo, sempre que há esse impasse e procuramos uma fonte de ânimo, nosso refúgio deverá ser a fé, já que somente por meio dela podemos ver além das circunstâncias. Por isso, devemos tomar essa decisão com muita sabedoria. O fruto da fé diante das adversidades é o ânimo que nos desperta

todas as manhãs, porém a razão sempre produzirá os questionamentos contidos nos seguintes de exemplos:
— Por que aquela criança morreu? Por que aquele jovem enfrenta um câncer tão destrutivo? Por que meu pai, que é tão bom [ou minha mãe, que é tão boa], está sofrendo acamado? Por que aconteceu uma fatalidade com aquela pessoa que eu amava tanto? Por que logo eu, uma pessoa justa e sincera, fui despedido?

Olhando com a razão, buscamos os motivos que justifiquem a nossa dor e, assim, somos impedidos de ressignificar, pois vamos nos deparar com coisas que fogem à lógica ou à justiça humana. Em um cenário de crise financeira, por exemplo, com olhos naturais veremos diversas pessoas corretas e responsáveis perdendo seus empregos. Imagine, nessa situação, duas pessoas, uma que encara tudo isso com a razão e outra com a fé, e observe onde está o ânimo de cada uma delas.

A primeira, provavelmente, irá dizer algo como: "Meus planos foram por água abaixo! Meu sonho de um dia ser um empresário, agora, são menores do que nunca! Estou desempregado e não sei o que vou fazer da minha vida, com filhos para criar, uma esposa para sustentar, contas a pagar, não sei para onde ir". Já a segunda deve agir de outra maneira: "Se Deus fechou essa porta é porque Ele tem outra muito maior para abrir! Eu tinha, sim, alguns projetos para o futuro, mas sei que Ele está cuidando de cada um deles. Meus filhos, minha esposa e todas as minhas contas serão supridas e nada nos faltará. Eu confio que sairei dessa crise ainda mais forte!".

E isso não é parte de um pensamento positivo, ou alguma ideia mirabolante que eu quero que você compre. Nada disso! O que as Escrituras nos confirmam, e o salmista ressalta no salmo 138, é que basta que clamemos, e a força, a coragem e o ânimo virão do Alto. Devemos ser homens e mulheres de fé, que possuem olhos espirituais, observando a catástrofe como uma oportunidade de nos firmarmos ainda mais no Pai, convictos e animados pelas Suas promessas.

MOTIVAÇÃO

Por essa razão, torno a lembrar-lhe que **mantenha viva a chama do dom de Deus que está em você** [motivação] mediante a imposição das minhas mãos. Pois Deus não nos deu espírito de covardia, mas de **poder**, de **amor** e de **equilíbrio**. (2 Timóteo 1.6-7 – acréscimo e grifo do autor)

Por último, é preciso manter a chama da motivação acesa e não deixar que ela se apague por nenhum motivo. Creio que foi nesse intuito que Paulo incentivou seu filho na fé, Timóteo, a preservar esse pensamento em todo o tempo, lembrando qual era a missão que o motivava. Lembro-me de que quando recobrei a consciência daquela experiência sobrenatural fora do meu corpo, tive um impulsionamento dentro de mim muito parecido com aquele transmitido nas palavras do apóstolo, uma revelação profunda de que aquilo que me sustentava não eram minhas próprias forças ou condições, mas a vontade manifesta do Senhor e seus propósitos através de mim.

Por meio dessa motivação, nos piores momentos da minha recuperação, pude encontrar alívio, mas, acima de tudo, um rumo a seguir. E é assim que agimos quando estamos motivados, nada pode nos parar. Assim seguimos sem distrações em direção ao alvo, confiantes em nossa esperança que é Cristo, em nosso ânimo que é a Sua força em nós e em nossa motivação que é vermos os Seus planos sendo cumpridos em nossas vidas.

Sendo assim, precisamos aceitar de uma vez por todas que as oportunidades de crescimento, muitas vezes serão um foco de dor. É como num investimento financeiro, que sempre dói no seu bolso no começo, porque devemos plantar nosso dinheiro para, só depois, colhermos os lucros. O mesmo acontece em relação a tudo o que Deus quer nos dar, devemos pagar um alto preço, que envolve uma fé sem medidas em Seu amor. Ou seja, é tudo ou nada.

TUDO OU NADA

O problema é que muitas pessoas desejam prosperar, mas sem se submeter aos processos que antecedem a vitória. No entanto, chegará o dia em que não será possível deixar essa decisão para depois e teremos que escolher entre a oportunidade dada por Deus ou a paralisação total. No meu caso, precisei ressignificar minhas dores e trocar meu foco, sendo solidário aos que mais precisavam. Minhas angústias passaram por um banho de humildade e dependência, dando lugar ao sofrimento alheio, como uma resposta divina à necessidade de outros.

Além disso, eu acreditava no meu milagre da cura sem duvidar por nenhum segundo, pois tinha a minha restituição como uma realidade. Se isso não acontecesse, minha mente não estaria aberta para todo o mover sobrenatural que Deus operou em minha vida e, talvez, muitos aprendizados tivessem ficado no meio do caminho. Um "sim" dado ao Senhor possibilitou que uma série de outras etapas fossem possíveis e que hoje eu pudesse compartilhar minha história.

Penso que toda vez que uma pessoa acredita que tudo o que acontece na sua vida são oportunidades, mesmo que lhe pareça ser uma desgraça, esse pensamento positivo faz com que se torne muito mais fácil ressignificar o sofrimento. Precisamos alcançar a compreensão da importância de que, ao fazer isso, modificamos completamente o nosso modo de olhar para a dor. Com isso, passaremos a nos perguntar: "Essa situação será a minha chance de avançar ou será aquilo que vai me matar de vez?". Com certeza, nenhum de nós, diante da oportunidade de sobreviver e continuar fazendo parte dos propósitos de Deus, não pensaremos duas vezes e pularemos de cabeça naquilo que o Senhor planejou. Nesse caso, só existe uma opção, que é permanecer lutando e crer no milagre que ainda não se materializou.

CAPÍTULO 9

O PLANO DE DEUS

Já haviam se passado três anos desde o diagnóstico em 2009. Enfrentei o processo da doença e da cura. Agora, compartilhava a minha história com várias outras pessoas, jovens, na maioria. Venci a doença! Deus havia me curado. Comecei a viajar, fui a mais de vinte países, sempre contando tudo o que havia acontecido comigo. Com o dinheiro das palestras, de vendas e de outros serviços, passei a ajudar no orçamento de casa.

Sempre que retornava, tentava aproveitar ao máximo o tempo com a minha família. A minha mãe, Silvia, continuava trabalhando muito, na expectativa de nos dar condições melhores. Era gerente de costura numa empresa de calçados e, nos tempos vagos, atendia como manicure. Iniciava sua rotina às setes horas da manhã com o expediente da empresa, e, depois, com as outras atividades, até às dez da noite. Aos sábados, era comum que ela trabalhasse até tarde, perto da meia-noite.

Passamos um ótimo ano juntos. Aparentemente, nossas vidas haviam se normalizado. Na virada para o ano seguinte, 2013, enxerguei a possibilidade de avançar ainda mais. Estabeleci a meta de utilizar aquele novo período que se iniciava para prosseguir em todos os meus projetos: queria conquistar o meu espaço e ajudar em casa, por isso não media esforços. Abria mão de ir a festas e outros tipos de lazer para ficar no meu quarto desenvolvendo algum trabalho ou auxiliando na igreja.

Sabe aquele momento perfeito, quando olhamos para nossas vidas e pensamos: "Ufa, a tempestade passou!"? Em que, após muita destruição, vemos as coisas serem reconstruídas? Só que não! Quando tudo parecia tranquilo, descobri que a tormenta não havia chegado ao fim. Era só o olho do furacão, em que a gente tem um vislumbre do céu azul, mas depois o vento forte leva tudo novamente. Percebi isso quando, ao retornar de uma de minhas viagens, encontrei minha mãe deitada no sofá, abatida. Achei estranho, pois ela nunca ficava assim, debilitada.

Ela reclamava de muitas dores nas costas. Pensei que poderia ser o reflexo de todo aquele trabalho como gerente ou das horas extras como manicure. Não demorei em marcar uma consulta com o clínico geral. O diagnóstico foi um problema na coluna vertebral, devido a uma hérnia que estava alojada na região. Para eliminar as dores, o médico receitou uma injeção, que minha mãe tomou no mesmo dia, em conjunto com alguns outros medicamentos.

Apesar disso, o sofrimento dela não foi amenizado. Voltamos ao médico que, dessa vez, pediu uma série de exames. Foram duas semanas para concluir todos eles. Quando retornamos ao consultório, minha mãe estava muito mais enfraquecida. Tinha dificuldades para subir as escadas da clínica, sempre reclamando de algum incômodo. O médico pegou os resultados, analisou tudo e disse:

— Silvia, você tem vinte e oito tumores espalhados pelo corpo.

Aquela notícia nos pegou totalmente de surpresa. Depois de toda a luta que havíamos travado nos últimos anos, minha mãe apresentava a mesma doença que eu. Ela estava com câncer. O médico começou a mostrar o local dos tumores: ombro, seio, coluna, bacia, e até mesmo nos ossos. Teria de ser encaminhada imediatamente a um especialista para iniciar o tratamento com urgência. Notei como todas aquelas informações tinham abalado a dona Silvia. Mesmo assim, ela não chorou.

Saímos do consultório e descemos as escadarias de mãos dadas. Ao chegarmos no último degrau, ela não conseguiu aguentar a pressão, colocou as mãos no rosto e foi às lágrimas. Por incrível que pareça, a sua preocupação não era com a doença:

— Quem vai cuidar de vocês se eu não estiver aqui? Sou mãe e pai!

Com certeza, ela pensava em mim e nos meus dois irmãos, Mateus e João, caso o pior acontecesse. Aquilo me tocou profundamente, ver o sofrimento da pessoa que eu mais amava colocando o nosso cuidado acima daquela doença terrível. Pedi que ela mantivesse a calma e tentei buscar forças na fé:

— O mesmo Deus que me curou vai curar você também!

Abraçamo-nos e voltamos para casa, muito abalados, mas convictos da possibilidade de cura. Naquela noite, orei por cinco horas consecutivas. Orava e chorava. Em muitos momentos, tive de lutar contra a minha mente e as dúvidas que não paravam de brotar. Questionava como o Senhor poderia fazer aquilo com a gente, termos de passar pela aflição do câncer de novo. Aquela doença estava de volta, agora na pessoa que eu mais amava na Terra, minha mãe. Era quase impossível afastar esse pensamento: "Por que, Deus? Por quê?".

Não ouvi uma resposta, eu só tinha o silêncio de Deus: e o silêncio doeu! Quando a dúvida chega, a única coisa que queremos são respostas. Naquele tempo, eu não entendia, mas depois compreendi algo muito valioso: **quando Deus está em silêncio, é sinal que Ele está trabalhando**.

Pouco tempo depois, fomos à consulta com uma especialista. A médica explicou que o câncer havia começado, silenciosamente, no seio e se espalhando por todo o corpo. A quimioterapia teria de começar imediatamente na tentativa de reverter a situação. A tristeza estava estampada na face de minha mãe, tentei animá-la, pedi que ela seguisse com fé, que acreditasse no milagre: "Vamos passar pelo processo de cabeça erguida, porque Deus vai nos dar a vitória".

Com o início do tratamento, além do mal-estar provocado pela quimioterapia e pelas dores por conta da doença, algo mais me incomodava. As sessões deixavam minha mãe muito fraca, o que impossibilitava que ela fosse trabalhar. Sendo assim, descontando a pouca ajuda financeira que eu podia oferecer, não havia ninguém que pudesse ir atrás dos recursos necessários para a nossa sobrevivência.

Eu passava mais tempo em casa, dedicando cada segundo a ela, da mesma forma como ela sempre cuidou de mim. O dinheiro encurtou e logo estávamos morando de favor na casa da minha avó materna. Saímos de uma casa boa, bem-arrumada, para a simplicidade de uma casinha de madeira, com dois cômodos: sala, cozinha – juntas –, e um quarto, onde dormíamos na mesma cama.

As semanas iam passando e o câncer só se agravava. Com dois meses, minha mãe não conseguia mais se deitar por completo, tendo que dormir sentada. Os tumores presentes nos seus pulmões dificultavam a respiração, obrigando-a a utilizar um tubo de oxigênio.

Vez ou outra, eu ainda conseguia fazer alguma palestra. Era uma forma de conseguir recursos financeiros e ajudar nas despesas familiares. Um dia, ao voltar de uma viagem, parei em frente a um grande espelho em nossa casa. Observei o meu reflexo: um jovem de terno e gravata, que aparentava algum sucesso. No entanto, era só mais um ser humano de carne e osso que, mesmo acreditando em um Deus que podia tudo, sentia-se completamente perdido.

Observava minha mãe em cima da cama, debilitada pela doença, com um tubo de oxigênio, lutando para respirar. Pensava em parar com as palestras, desacreditar da vida, mas minha fé me dizia o contrário. A presença de amigos também foi essencial naquelas circunstâncias. Foram muitas as vezes em que o pastor Gustavo passou em nossa casa, por volta das seis horas da manhã, para levar minha mãe à quimioterapia e depois trazê-la de volta.

Em um desses dias, recebi o convite para falar em um congresso. Como era numa cidade próxima, Estrela, não ficaria muito tempo fora de casa. Então, aceitei a proposta de participar durante dois dias, uma sexta-feira e um sábado. Ao final da primeira reunião, após o término da minha palestra, uma mulher se aproximou de mim e perguntou se eu poderia orar por sua filha. A menina de oito anos havia nascido com lepra (hanseníase) e apresentava várias marcas pelo corpo. Por conta disso, a criança nunca havia ido à escola, e a família sofria muito com aquela situação. A mulher me disse que tinha muita fé, que acreditava em um milagre.

Eu estava muito cansado, tinha passado o dia inteiro em pé, mas concordei em fazer a oração. Coloquei a mão na cabeça da criança e, antes de começar, ela me olhou e disse: "Queria muito ir à escola, mas olha o meu braço". O membro estava amarelado, com uma espécie de gordura na superfície e um pedaço do osso sobressaindo. Seu rosto estava na mesma situação, com muitos traços da doença. A própria menina aparentava estar muito mal, exalando um odor fétido. Ainda com a mão sobre ela, apenas disse:

— Jesus, cure esta menina. Amém!

A mãe olhou para mim, como se dissesse: "Só isso? Não vai falar mais nada para Deus?". Eu realmente não tinha forças para dizer algo a mais. Estava muito cansado, mas aquelas poucas palavras tinham sido ditas com muita fé. Virei-me para a mulher e lhe disse que, segundo aquelas palavras, a filha dela seria curada. Permaneci em silêncio e as duas foram embora.

Na segunda-feira, já me preparando para partir, alguém disse que eu não poderia sair. Uma mulher estava me chamando, dizendo que sua filha estava chegando e precisava falar comigo. Logo, escutei uma voz infantil: "Pastor, pastor!". Virei-me e percebi que era a mesma menina de dois dias atrás. Ela perguntou se eu me lembrava dela e respondi que sim. A mãe da criança tinha lágrimas nos olhos e começou a me explicar o porquê precisava falar comigo:

— Pastor, depois que o senhor orou, aconteceu uma coisa. Quando minha filha foi para a cama dormir, durante toda a noite, a lepra começou a cair do corpo dela e deixou o lençol cheio de cascas das feridas. Tive de trocar os lençóis várias vezes durante a madrugada. Hoje, segunda-feira, ela já não tem uma única ferida aberta no corpo, está tudo cicatrizando.

Após escutar aquele testemunho impactante, lembro-me de pensar: "Tudo o que a gente passa, acontece por um propósito maior". Senti algo acontecendo comigo, como se uma pessoa tivesse me abraçado e o perfume, impregnado em mim. Entendi que, durante a minha doença, Deus havia me abraçado com a cura, e agora esse "cheiro suave" me acompanhava. Acredito que o que aconteceu ali, em Estrela, tinha o mesmo peso, como se o Senhor permitisse que eu compartilhasse o que estava em mim com aquela menina.

Voltei para casa renovado. Ao chegar, encontrei minha mãe sentada, respirando com o auxílio do tubo de oxigênio. Eu estava feliz pelo que tinha acontecido nos dias anteriores e contei tudo para ela, acreditando que ficaria feliz com a notícia, mas ocorreu o contrário. Ela começou a chorar e me perguntou:

– Por que você ora pelos outros e eles são curados, e quando ora por mim nada acontece? Por que Deus cura os outros através da sua vida e a mim Ele não cura? Ore por mim, para Jesus me curar também!

Meu coração se partiu. Ajoelhei-me, coloquei a cabeça nos pés dela e comecei a orar. Eu pedi, quase gritando: "Deus, cure a minha mãe!". De alguma forma, encontrei forças e lhe disse que tudo daria certo, enquanto, por dentro, um sentimento de impotência me corroía.

Sete dias após o meu retorno de Estrela, recebi algumas fotos daquela menina totalmente curada. Mais uma vez pensei que, se eu não tivesse passado pelo o que passei, será que aquela menina teria me conhecido e eu teria orado por ela? Será que, naquele momento, eu teria sido uma ponte de bênção para ela?

Deus é como um pai, que desenha nossas histórias com um lápis, mas nós temos a borracha da decisão, de viver o plano que Ele desenhou para nós; ou, com as nossas escolhas, usar a borracha e apagar Seu desenho. Por isso, precisamos estar alinhados com a vontade do Senhor. Em várias situações, o que pensamos ser o correto não é o que Ele está planejando para nós.

•

Os dias passavam e eu continuava orando pela cura de minha mãe. Mesmo assim, nada de ter uma resposta de Deus. Na verdade, cada vez mais as coisas fugiam do meu controle. A doença avançava e, por conta do tratamento, o cabelo da Silvia começou a cair, fazendo com que ela precisasse raspar a cabeça. Naquele dia, apesar de chorar muito, ela disse que "tudo aquilo passaria". Infelizmente, o milagre não chegava. As dores só aumentavam, tornando inevitável a internação.

Em sua primeira noite no hospital, perguntei como se sentia e ela respondeu que queria comer algo. Ainda que conseguisse se alimentar, ela continuava reclamando de muitas dores. No dia seguinte, fui a uma cidade próxima, Novo Hamburgo, buscar os resultados de um novo exame. Quando voltei ao médico e entreguei os papéis, ele não demorou para concluir sobre a causa das fortes dores que ela sentia: quase todos os ossos do corpo da minha mãe estavam quebrados por conta do tratamento. Mesmo indicando o tipo de quimioterapia mais forte, não houve resultado. Tudo o que poderiam fazer, haviam feito. Quando voltei ao quarto onde ela estava, sua primeira pergunta foi sobre a consulta. Sem coragem de dizer a verdade, falei:

— Mãe, está tudo bem, os tumores estão sumindo, vão desaparecer e logo não sentirá mais nenhuma dor.

— Viu, eu disse que Jesus ia me curar – ela respondeu.

Aquilo me estraçalhou por dentro. A resposta dela, animada, cortou-me o coração, mas eu não tinha como contar a verdade. Abaixei a cabeça e comecei a chorar. No meu coração, pedi a Deus que me ajudasse a suportar aquela dor.

À noite, ela me pediu um pão de queijo. Fui ao mercado, comprei o alimento e ela comeu cada pedaço sorrindo. Depois disso, perguntou-me sobre o carro novo que eu havia comprado. Um carro zero, que aguardava o emplacamento para ser retirado. Eu realmente não queria falar sobre aquilo, mas ela insistiu:

— Quero dar uma volta no carro novo com você dirigindo!

Não demorou muito e ela adormeceu. Deitei-me na cama ao lado e fiquei observando-a. Por volta da meia-noite, estava meio sonolento quando ouvi uma voz no meu ouvido: "Meu filho! Hoje eu vou recolher a sua mãe". Assim que escutei isso, caí no sono. Às duas horas da manhã, despertei com minha mãe tendo dificuldade para respirar, e uma enfermeira apareceu para aumentar o oxigênio. Três horas depois, o oxigênio já estava no máximo de volume e ela continuava com problemas. Quando finalmente consegui cochilar por alguns instantes, fui acordado por alguém batendo nas minhas costas.

Minha mãe pegou o aparelho que fica no dedo mediando a pulsação e o colocou na boca. Ela já estava se debatendo e quase sufocando, então corri para ajudá-la. No desespero, dei-lhe um tapa no rosto e ela abriu os olhos, pedindo um pouco de água. Depois de beber, fechou os olhos mais uma vez e entrou em estado de coma.

Ao meio-dia, a concessionária me avisou que eu já poderia buscar o carro. Fui buscá-lo, porém, na hora em que entrei pela porta da loja, meu telefone tocou. Era minha avó, dando-me a notícia de que minha mãe tinha acabado de falecer. Ela queria tanto andar naquele carro, mas não resistiu o suficiente para conseguir.

Voltei para reconhecer o corpo e fazer os preparativos do enterro. Digo que, em algum momento, Jesus olhou para ela lá de cima e disse: "Ei, Silvia, pare de chorar, para de sofrer, venha morar Comigo". Quando me dei conta de que ela havia ido embora, percebi que estava sem mãe e sem pai. Fiquei sem o suporte da minha vida. Aquela era uma batalha pela qual eu havia passado, mas ela não. Agora, a responsabilidade pelos meus dois irmãos mais novos era minha. Na época, estava com dezenove anos, o Mateus com quatorze e o João Vitor, com cinco. Pedi a Deus que me ajudasse a lidar com tudo aquilo.

Com a ajuda dos meus tios, organizamos as questões do funeral. Enfim, o carro funerário chegou ao local do velório e os funcionários trouxeram o caixão. Posicionaram o esquife e abriram a tampa. Olhei para minha mãe, parecia adormecida. Sabia que aquela seria a última vez que eu a veria. Logo, meus irmãos também chegaram. João Vitor, o mais novo, foi até a beirada do caixão, olhou para mim e perguntou: "Mano, o que a mamãe está fazendo aqui?". Respondi: "Joãozinho, a nossa mãe está dormindo. Daqui a pouco, uns anjos descerão para recolhê-la; vão tirá-la da Terra e levá-la para brilhar pertinho de Jesus, como uma estrela.

Com os olhos marejados de lágrimas, ele me perguntou: "A mamãe morreu? Foi isso?". Não tive argumentos naquele momento, apenas fiquei em silêncio. O João virou as costas para mim e caminhou até o outro lado da sala, chorando com as duas mãos no rosto, e falou:

— Jesus, eu não tenho papai e Você levou minha mamãe. Quem vai brincar comigo de cavalinho? Quem vai contar história para mim antes de dormir? Faltam dez dias para o meu aniversário... Quem vai cantar "parabéns" para mim? Jesus, devolve a minha mamãe, só um pouquinho!

Não aguentei e comecei a chorar, imaginando como seriam nossas vidas a partir dali.

Depois do sepultamento, voltamos para casa. Não conseguia me desvencilhar do sentimento de luto e dos questionamentos, perguntando para Deus qual era o propósito daquela morte. Três dias depois, o João se aproximou de mim, chorando. Disse que se a nossa mãe realmente havia se transformado em uma estrela, ele queria vê-la no céu. Já era noite, então saímos para a rua. O clima não estava bom, tudo nublado, por isso não dava para enxergar nada. Com raiva, ele me acusou:

— Lucas, você mentiu para mim. Você falou que a nossa mãe sempre estaria no céu brilhando e ela não está lá!

Abaixei a cabeça e disse em voz alta: "Deus, eu não aguento mais! Me ajude!". Quando terminei de falar, naquele exato momento, uma fresta se abriu entre as nuvens, fazendo com que um pedaço do céu fosse visto, e ali surgiu uma estrela. Era uma única estrela e ela brilhava muito. O João ergueu a mão e apontou com o dedo. Começamos a chorar juntos.

Quando o milagre não vem, normalmente, entramos em desespero. Mas toda prova que passamos na vida é igual ao aprendizado na escola. No dia a dia, o professor pode ser nosso amigo, explicar toda a matéria e nos ajudar com as dúvidas. Porém, quando chega o dia da prova, por mais que ele seja legal, não vai nos auxiliar ou dar a resposta que precisamos. No momento do teste, temos de passar sozinhos, utilizando nossas capacidades e aquilo que adquirimos durante as aulas.

Nosso Deus age do mesmo jeito. Ele é o nosso melhor amigo, melhor mentor e melhor professor. Todavia, chegará o dia da dificuldade, e quando isso acontecer, Ele nos testará. As provas, com seus acertos e erros, nos impulsionam a usar as ferramentas que o Senhor concedeu e a refletir sobre o que fugiu do nosso controle. Nessas situações, o Céu parecerá estar em silêncio. Mas quando Deus se cala, não significa que Ele nos odeia ou que tenhamos pecado: Ele se aquieta para que possamos extrair os conteúdos e as experiências que serão úteis às nossas vidas e nas de outras pessoas.

A tendência é que, em circunstâncias como essa, nós peçamos por livramento. No entanto, aprendi que, muitas vezes, o que devemos fazer é apenas pedir forças a Deus. Sim, força para suportar a dor, pois somente resistindo ao desconforto seremos vitoriosos.

Em qual área da sua vida você tem medo de prosseguir (empresarial, ministerial, pessoal, familiar etc.)? Por quê?

CAPÍTULO 10

O PRÓXIMO PASSO

Se existe um jogo que exige máxima atenção em cada movimento e em que um único avanço errado pode comprometer todo o restante da partida é o xadrez. Caso você já tenha tido a oportunidade de jogar ao menos uma vez, ou é um amante dessa prática, deve saber sobre a quantidade infinita de estratégias e possibilidades para dar o "xeque-mate" e ganhar. Pelo mundo inteiro, há clubes, grupos, livros e vídeos explicando a respeito dos mínimos detalhes desse passatempo existente há mais de um milênio.[1]

Contudo, não apenas no xadrez, mas também em vários outros jogos de tabuleiro e cartas, algo interessante a se observar é a necessidade de pensar

---

[1] **Como e onde surgiu o xadrez?** Publicado por Superinteressante em 31 de dezembro de 2000 e atualizado em 9 de agosto de 2017. Disponível em *https://super.abril.com.br/comportamento/como-e-onde-surgiu-o-xadrez/*. Acesso em agosto de 2020.

nos próximos passos. Ou seja, o fim de uma jogada deve dar início a outra, e assim por diante, até que a partida tenha um vencedor. Dessa forma, a não ser que algum dos participantes desista, o jogo não pode ser paralisado apenas porque alguém está com medo de fazer o próximo movimento e avançar.

Aliás, quando isso acontece, não apenas no jogo, mas em qualquer instância da vida, várias coisas perdem o propósito de existir, afinal qualquer projeto exige que prossigamos de uma etapa para a seguinte, até que tudo seja finalizado. Imagine, por exemplo, se um jogador de xadrez simplesmente parasse de movimentar suas peças por medo de vê-las eliminadas por seu oponente e, em consequência, perdesse o jogo? Então, mesmo que não haja cem por cento de certeza do que acontecerá após um movimento, ele deve pensar com sabedoria e fazer sua jogada, arriscando.

Assim como no xadrez, não existem avanços sem uma caminhada constante e decidida rumo a um objetivo. Certamente, os momentos de repor as forças e acalmar os ânimos são necessários, porém só vemos resultados palpáveis quando há movimentação. É por isso que a própria Bíblia nos confirma que devemos seguir em frente, sem desistir no meio do caminho:

> Irmãos, não penso que eu mesmo já o tenha alcançado, mas uma coisa faço: **esquecendo-me das coisas que ficaram para trás e avançando para as que estão adiante, prossigo para**

o **alvo**, a fim de ganhar o prêmio do chamado celestial de Deus em Cristo Jesus. (Filipenses 3.13-14 – grifo do autor)

Nessas poucas palavras, o apóstolo Paulo nos incentiva a ter uma atitude óbvia, entretanto, essencial para chegar ao alvo: avançar. Somente quando corremos em direção ao chamado de Cristo para nossas vidas é que cumprimos com excelência o propósito que nos fora estabelecido por Deus. Logo, como já vimos em capítulos anteriores, ficar paralisado pelo medo não pode ser uma opção, não podemos nos deixar levar pelo medo do crescimento.

Porém, infelizmente, não é isso que tem acontecido na vida de muitas pessoas. Não importa quem seja, todo ser humano passará pelas etapas comuns de crescimento, desde a infância até a fase adulta e a velhice. Esse é o processo natural, e que muitos de nós, quando crianças, desejávamos mais do que tudo. Até porque a maioridade nos permite fazer coisas e ir a lugares que antes nos eram limitados. Talvez você tenha até dito algo como: "Eu não vejo a hora de fazer 18 anos para poder dirigir, sair sozinho, viajar...".

No entanto, quando chegamos a essa idade, percebemos o quanto ainda precisamos aprender sobre a vida e seus desafios. Com o tempo, compreendemos os custos e sacrifícios necessários para que nossos sonhos sejam alcançados, e que nada disso acontecerá da noite para o dia, mas é fruto de trabalho e dedicação. Após alguns anos de estudo e empenho, vemos os primeiros resultados e continuamos fazendo planos para o futuro. Quem sabe até estabelecemos o ano do nosso casamento ou a idade com a qual desejamos parar de trabalhar e finalmente "aproveitar a vida".

Seja qual for o passo a passo e os sonhos que imaginamos para nossas vidas, fato é que algum tipo de planejamento eventualmente passa pela cabeça de todos nós. E não há nada de errado com isso. Todavia, sabemos que a vida não é tão simples quanto um jogo de tabuleiro – em que é só continuarmos nos movendo para a jogada seguinte – em especial, nos momentos de transição entre os ciclos.

Você já observou que na passagem de um aluno do Ensino Fundamental para o Médio, ou deste para a universidade, é comum que exista uma apreensão a respeito dos próximos anos? Essas são etapas que trarão novos aprendizados e, possivelmente, irão nos marcar para o resto da vida. Por isso, não há problema em sentir um frio na barriga quando se pensa nos desafios que virão. Mas o transtorno começa quando essa sensação tão corriqueira se transforma em um "medo congelante" que nos mantêm presos a uma etapa da vida mesmo que já seja hora de seguirmos adiante. E infelizmente esse comportamento tem se tornado cada vez mais frequente e acompanhado algumas pessoas até a fase adulta e a velhice, algo que a psicologia chama de Síndrome de Peter Pan, que explicarei a seguir.

SÍNDROME DE PETER PAN

Provavelmente você já tenha ouvido falar desse famoso personagem criado pelo escritor britânico J. M. Barrie, adaptado para diversas peças de teatro, animações e filmes. Peter Pan, diferentemente de muitas outras crianças, não deseja crescer de forma alguma e, por isso, habita a Terra do Nunca, um lugar que permite que ele e seus amigos não envelheçam.[2]

É justamente por esse motivo que a síndrome leva o nome do personagem. Segundo o estudioso da área, Dan Kiley, assim como o menino que não quer crescer, o homem e a mulher que sofrem dessa disfunção têm dificuldade para se entenderem como adultos. Dessa maneira, a pessoa carrega características comuns a uma criança por toda a vida, evitando ao máximo o amadurecimento e transições muito bruscas. Alguns sinais claros são a imaturidade e a rebeldia. Mas, ao mesmo tempo, esses indivíduos tentam justificar suas atitudes como normais e desejam ser compreendidos e aceitos. E alguns dos principais malefícios, de acordo com o especialista, são que a vida acadêmica, profissional e todos os relacionamentos acabam prejudicados, sendo marcados pela inconstância ou mesmo pela desistência.[3]

---

[2] BARRIE, J. M. **The little white bird**. Londres: Hodder & Stoughton, 1902.

[3] KILEY, Dan. **The Peter Pan Syndrome**: men who have never grown up. Nova Iorque: Avon Books, 1983.

Infelizmente, não precisamos procurar muito para encontrar amigos, parentes ou conhecidos acometidos por alguns dos sintomas dessa síndrome tão nociva. Com certeza, você conhece alguém que simplesmente rejeita as responsabilidades e papéis a cumprir apenas por medo ou receio dos processos de mudança que enfrentarão. Nesses casos, tentam fugir ou, ainda, ignorar tudo o que os cercam, numa tentativa de deixar de lado a necessidade que todo ser humano tem de amadurecer.

Por exemplo: quantas pessoas carregam costumes, brincadeiras ou expressões que não condizem mais com sua idade, de forma que parecem estar quase tentando negar os anos que se passaram? Esse comportamento afeta não apenas a pessoa em si, mas causa preocupação a familiares e amigos próximos, principalmente pelo fato de não saberem como reagir, já que, na maioria das vezes, aqueles que sofrem desse tipo de imaturidade recusam ajuda ou a mais simples conversa, como o cego que não deseja enxergar. Com o tempo, sua mente acaba distorcida e não acompanha a realidade, como se não fizesse mais parte dessa dimensão.

Existem inúmeras razões para uma pessoa apresentar esse tipo de comportamento, embora a maioria dos casos estejam fundamentados no medo. Porém, é possível, em muitos casos, ter ocorrido abuso sexual ou psicológico; ou até a vivência em lares disfuncionais e em condições financeiras e sociais precárias. Situações assim, que marcam a pessoa principalmente durante a infância, também podem ser as responsáveis. Há, ainda, aqueles que possuem uma ligação demasiadamente intensa com os pais, os que foram criados sem nenhum tipo de limite ou até mesmo privados de quaisquer correções. O resultado são adultos egoístas e assustados, com bloqueios em suas relações, em todas as áreas.

Fato é que essa é uma triste realidade que tem mostrado seus reflexos em nossa sociedade diariamente, com graus cada vez mais altos de imaturidade emocional, omissão e isolamento. Portanto, a Terra carece de um povo que não tenha medo de dar passos arriscados, porém necessários para o crescimento. Pense por um momento em quantos traumas poderiam ter sido superados e círculos viciosos, quebrados, se mais pessoas estivessem saudáveis o suficiente para continuar persistindo. Mas, ao contrário disso, vemos a perpetuação de uma atitude totalmente oposta àquilo que o Senhor planejou para Seus filhos:

> [...] até que todos alcancemos a unidade da fé e do conhecimento do Filho de Deus, e **cheguemos à maturidade**, atingindo a medida da plenitude de Cristo. (Efésios 4.13)

O desejo do Pai é que cheguemos à maturidade, e não que sejamos como Peter Pan, fixados em um mesmo lugar, sem nenhuma perspectiva de avanço ou amadurecimento. Aliás, só existe um "local" onde devemos permanecer totalmente arraigados e firmes eternamente: Cristo. Como partes de uma "grande árvore", nossas raízes não devem ser limitadas a um curto espaço, mas precisam se expandir cada vez mais. Isso quer dizer que, mesmo que estejamos plantados n'Ele, nossas bases e influências devem ser esticadas, alcançando todos à nossa volta e nos levando aos próximos níveis do conhecimento de Deus.

Nesse sentido, devemos estar em constante alerta, identificando os momentos de transição para novas temporadas e os possíveis ataques do medo que virão com esses novos passos. E apesar de nossas vidas seguirem propósitos únicos e individuais, existem algumas áreas comuns pelas quais podemos começar essa análise e, dessa maneira, cortar de uma vez por todas aquilo que nos prende: o trabalho, o ministério e nossas famílias e relacionamentos pessoais.

TRABALHO

A influência do trabalho em nossas vidas, assim como a necessidade de oxigênio para sobrevivermos, parece não ter um ponto de partida, já que somos ensinados sobre ele e sua importância como uma ferramenta para alcançarmos certos objetivos desde cedo. E ainda que, num cenário ideal, tenhamos contato com uma atividade formal apenas a partir de determinada idade, costumamos associar o trabalho a tudo aquilo que demanda esforço da nossa parte.

Seja secando a louça do almoço de domingo, limpando o próprio quarto ou lavando o carro da família, compreendemos que o trabalho obedece a algumas etapas na construção de confiança e responsabilidade. Na maioria das vezes, mesmo nossos pais, quando nos delegam alguma função, somente nos dão certas liberdades após cumprirmos alguma tarefa em especial. No caso de tirar o carro da garagem para fazer a limpeza, por exemplo, isso só acontece quando nosso pai ou mãe têm plena certeza de que temos controle do que estamos fazendo e de que o carro será preservado no fim de tudo.

Logo, entendemos facilmente, mesmo em tarefas tão simples como essas, a necessidade de aprimoramento. Com o passar dos anos, buscamos melhorar nossas técnicas visando fazer o melhor trabalho, no menor tempo possível e gastando uma quantidade razoável de recursos e mão de obra para isso. E é ao longo desse processo de aperfeiçoamento que muitas pessoas se perdem em relação ao trabalho e são tomadas pelo medo e a insegurança acerca do futuro.

Talvez por críticas muito pesadas em suas primeiras tentativas de fazer algo ou por falta de autoconhecimento, muitos profissionais são preenchidos por tanta insegurança sobre seus resultados que nem mesmo conseguem ver novos caminhos para iniciar seus projetos. Você, com certeza, já ouviu falar de alguém que nunca arriscou na profissão dos sonhos ou mesmo almejou uma subida de cargo, ou ainda a transição para outra área, apenas por não ter certeza de como as coisas seriam ou por não enxergar capacidade em si mesmo para avançar.

E aqui não falo apenas de um pensamento pessimista, do tipo: "Eu não sou capaz!", mas sim de um *deficit* que muitas pessoas têm para se verem longe da zona de conforto ou fazendo alguma coisa diferente daquilo que exerceram por toda vida. Quantos sonhos e ideias revolucionárias não deixaram de sair do papel somente por temor dos próximos passos? Ou mesmo, quantos indivíduos não tiveram sua motivação para trabalhar e conquistar algo sepultado quando ainda eram crianças ou adolescentes, diante do descrédito de outras pessoas ou de ambientes tóxicos, e carregaram esse estigma de desqualificação e inutilidade por anos e anos?

Por isso, assim como já compreendemos lá no início, é tão crucial que identifiquemos os traumas e focos de dor antes que eles se transformem de uma oportunidade de crescimento para uma marca em nossos corações. Da mesma forma, devemos ter os olhos fixos no objetivo que traçamos, firmados no chamado do Senhor para nós. Assim, somos blindados contra toda voz contrária à Sua vontade de nos levar onde precisamos chegar e nos fazer prosperar.

MINISTÉRIO

Quem sabe, na mesma intensidade que o trabalho influencia a vida de muitas pessoas, a questão ministerial possua um peso enorme para diversos cristãos, principalmente aqueles criados dentro da igreja?! Isso, porque toda pessoa que compreende a necessidade de servir, dentro ou fora das quatro paredes de um templo, busca um lugar onde se encaixar ministerialmente.

A partir daí, podemos entrar em pleno alinhamento com o propósito divino, ou cair num ciclo de questionamentos, perguntando-nos se estamos fazendo a coisa certa ou quando seremos devidamente reconhecidos pelo nosso trabalho ministerial. Infelizmente, muitas pessoas, por mais que já estejam há muito tempo envolvidas nas atividades da igreja, ficam todo o tempo duvidando se realmente deveriam estar ali, talvez por medo, acusação ou peso do pecado. Outros, iludidos com a ideia de que contribuir com sua comunidade local é algo mais importante ou espiritual do que as outras funções, sentem-se frustrados quando retornam para seus lares ou trabalhos comuns.

No fim das contas, por não saberem como agir de forma equilibrada em relação a tudo isso, muitos acabam paralisados, deixando a excelência de lado em ambos os aspectos de sua vida. Em outras palavras, não conseguem se contentar com suas profissões, ao mesmo tempo em que se cobram demais acerca daquilo que fazem na igreja. Caso você esteja nesse impasse, não fique apenas esperando que o tempo resolva as coisas, mas tome a decisão de encontrar o seu lugar em Deus, onde, sem sombra de dúvidas, seu coração não estará divido, tanto profissional quanto ministerialmente. Quando não buscamos esse discernimento, independentemente do tempo que caminhamos com o Senhor, podemos comprometer tudo o que Ele havia planejado para nós. Em consequência, acabamos limitando o que Ele deseja fazer através de nossas vidas no local onde estamos inseridos. Sendo assim, confie em Deus, mesmo que o terreno à frente ainda não esteja claro e, se necessário, feche os olhos e deixe que Ele guie você na direção correta.

FAMILIAR E PESSOAL

Por fim, creio que a área da vida da qual praticamente ninguém consiga escapar seja a dos relacionamentos pessoais e familiares. Não importa a origem ou criação, toda pessoa, ao longo da vida, acaba cultivando algum tipo de relação. Talvez você já tenha até escutado que "é impossível viver sozinho", e não há afirmação mais fácil de se fazer observando a nossa necessidade constante de interação (cf. Gênesis 2.18). Mesmo a pessoa mais reclusa não consegue viver sem um mínimo diálogo, afinal toda a nossa sociedade está baseada na comunicação.

Quando vamos a fundo nesse assunto, adentrando o contexto familiar, chegamos a níveis de intimidade intensos, em que somos capazes de identificar os gostos e vontades de uma pessoa apenas por seu olhar. Um dia, quem sabe, a ciência comprove o que faz uma mãe saber se um filho está ou não mentindo só de olhar por alguns segundos para a criança?! A resposta, possivelmente, será o vínculo que ambos possuem, além da convivência de anos e mais anos, partindo desde o ventre até os últimos dias de vida.

Além disso, temos de levar em consideração as relações amorosas. Em especial, quando nosso coração bate mais forte pela primeira vez e sentimos algo que vários poetas já tentaram descrever com lindas palavras, mas que ainda possui inúmeros significados que não conseguimos relatar em toda a sua amplitude: o amor romântico. Mas o que acontece quando esse belo sentimento, a base de famílias, casamentos e amizades, é substituído pela apreensão e o medo de um contato mais íntimo? Infelizmente, transformamos profundos relacionamentos em potencial em conexões superficiais e sem intimidade.

E que melhor justificativa para descrever essa falta de proximidade e dificuldade para estabelecer vínculos duradouros do que os traumas e a incapacidade de dar os próximos passos? Os motivos para que isso aconteça são vários, mas a grande maioria está condicionada à forma como esses relacionamentos foram apresentados no início da vida, como em lares conturbados e com casamentos em que havia violência e desrespeito. Ao mesmo tempo que circunstâncias assim podem gerar pessoas compromissadas a quebrar o ciclo e fazer tudo de forma diferente, também é possível observar marcas e mágoas que influenciam diretamente a forma como nos comportamos com amigos, namorados e parentes, sabotando nossas relações mais profundas.

Algo parecido pode acontecer quando não recebemos muito bem a notícia do falecimento de um ente querido. Vários filhos, maridos, ou mesmo pais e avós, em muitas dessas situações, não sabem conviver com aquela perda, e acabam prostrados para sempre, tornando-se incapazes de desenvolver novos relacionamentos saudáveis ou ao menos cuidar dos que já possuem. Lembrando do que aconteceu com minha mãe, e toda a dor que a sua morte gerou, percebo como eu poderia ser uma dessas pessoas. Só algum tempo depois da sua partida, pude entender que havia ali um processo de aprendizado e uma oportunidade para ressignificar minha vida.

Durante esse trecho da minha jornada, tenho certeza de que Deus esteve ali, ao meu lado, ensinando-me como dar passos mais firmes e consistentes, sem nunca parar. Eu poderia transformar aquela situação numa ferida incurável ou mesmo um castigo, mas preferi não me conformar com a paralização. É claro que não me sentia confortável com a morte, pois o processo de luto e superação demanda tempo para cicatrizar, porém essa é uma etapa normal da vida, pela qual todos nós um dia iremos passar.

Então, seja enfrentando dores maiores ou menores, como a rejeição de um amor, por exemplo, nossa atitude deve sempre ser positiva. Um dos caminhos que encontrei nesse processo foi produzir boas lembranças enquanto ainda era possível. Eu e você precisamos criar momentos de qualidade com aquelas pessoas que mais amamos, que sejam eternizados na nossa memória afetiva, gerando, assim, bons pensamentos quando recordarmos daquele período, independentemente do que tenha acontecido depois. Devemos gastar tempo com quem é importante para nós, viajar, conversar e trocar sorrisos.

As perdas, por mais que as adiemos, um dia virão. Porém, a escolha de deixarmos que elas permaneçam e criem raízes é toda nossa. Sendo assim, devemos continuar caminhando, nem que seja um passo de cada vez, até que possamos voltar ao ritmo e correr em direção ao objetivo, como o Senhor deseja. Se for preciso, deixe que Ele carregue você no colo, mas não pare.

CAPÍTULO 11

"NO VALE, CARREGUEI VOCÊ NO COLO"

Após o falecimento de minha mãe, eu e meus irmãos acabamos nos separando. Meu irmão Mateus foi morar com o pai, enquanto eu e o João Vitor continuamos na casa da minha avó materna. Apesar do carinho que recebia naquele lar e da minha proximidade com o João, sentia uma necessidade de estar fora dali. Querendo ou não, era um ambiente que me trazia muitas lembranças tristes – e aquilo ainda me machucava. Por isso, dois meses depois, quando tive a oportunidade de morar sozinho, não pensei duas vezes.

Minha nova casa era pequena, mas com uma boa divisão: dois quartos, sendo que em um deles organizei um *home office*. O melhor de tudo era que não estava tão distante da casa da minha avó, e podia passar lá sempre que quisesse para ver o João. Além disso, morando num espaço só meu, poderia recomeçar a vida.

Nesse sentido, as coisas aconteceram muito rapidamente comigo, tanto para o bem quanto para o "mal". Alguns dias após a minha mudança, fui visitar um amigo da igreja. Estava lá uma senhora conhecida na região, pois era muito usada por Deus. Para ser sincero, eu nunca tinha visto um dom tão profundo como o dela. Mesmo sendo de Porto Alegre, e não me conhecendo, assim que eu cheguei na casa, ela perguntou se poderia orar por mim. Ainda que um pouco surpreso, olhei para ela, sorri e concordei. Então, ela se aproximou e colocou a mão na minha cabeça:

— Moço, tenho um recado da parte de Deus para lhe entregar: "Filho, vou fazer você entrar no vale".

Aquilo me chocou de imediato. Pensei: "Deus, perdi minha mãe há dois meses e o Senhor vai me fazer entrar no vale de novo?". A senhora continuou falando:

— Vou fazer você entrar no vale, e será tão dolorido, tão dolorido, que muitas vezes você pensará em desistir, em chutar o pau da barraca [sim, ela usou exatamente essa expressão]. Por vezes, você pensará até em deixar de viver, porque será uma caminhada difícil. Mas, no dia em que você parar de caminhar, Eu vou carregar você no colo e andar contigo, porque Eu sou o Deus da sua vida. Sou quem cuida de você e quero fazê-lo prosperar, mas, antes disso, você terá de entrar no vale.

Ela disse que Deus me daria uma família abençoada, muitos recursos financeiros, e que eu seria um dos homens mais prósperos da minha região, do meu país. Que no meu futuro, sentaria com políticos e pessoas importantes, porque Deus me faria relevante. E mais, disse que Ele me entregaria um projeto, uma oportunidade de ajudar muitas pessoas. A senhora disse ver toneladas de alimentos chegarem às minhas mãos, e me ver dando água às pessoas que estavam com sede. Afirmou que a minha história ultrapassaria o Brasil, chegaria a muitos países e o mundo seria tocado pelo meu testemunho.

Depois de ouvir todas aquelas palavras, comecei a chorar. Senti uma imensa felicidade por saber um pouco dos planos que Deus tinha para mim. No entanto, antes de viver tudo aquilo, teria de passar pelo vale; e não sabia quando nem o que seria essa nova prova.

Alguns dias depois, recebi um telefonema de uma pessoa cancelando minha palestra em seu evento. Como se tudo aquilo fosse premeditado, à medida que os dias se passavam, outros trabalhos também eram suspensos. Os organizadores ligavam para desmarcar ou reagendar para outro período, muito à frente, até mesmo para o ano seguinte. Com o tempo, perdi quase todas as minhas agendas e trabalhos paralelos. Mesmo quando tentava remarcar datas ou reajustar os valores, ninguém aceitava. As portas estavam fechadas.

Em consequência, o dinheiro parou de entrar e as contas se acumularam: aluguel da casa, prestação do carro, contas de luz e telefone, tudo atrasado. Nem nos tempos mais difíceis, enquanto minha mãe ainda estava viva, passei por uma situação como aquela. Até mesmo fome, uma coisa que eu nunca tinha passado em toda a minha vida, se tornou uma constante. Durante essa passagem, minha oração era sempre a mesma: "Deus! O Senhor falou que estaria comigo no deserto, por isso não vou abrir minha boca para ninguém, não vou reclamar. Eu acredito na Tua palavra, que antes mesmo de eu falar, já sabes do que preciso".

O que pareciam apenas semanas se transformou em meses, e já estava próximo de completar um ano naquela escassez total. Certo dia, cheguei na cozinha e tudo o que havia era uma fatia de pão e um resto de água potável, que dava um copo. Lembro-me de erguer aquele alimento e dar graças: "Deus, obrigado! Eu sei que hoje eu tenho só isso, mas sei que amanhã o Senhor vai prover". Comi aquela fatia de pão como se fosse um churrasco e a água como se fosse refrigerante, acreditando no milagre que chegaria no dia seguinte.

Porém, no outro dia, o milagre não veio – nem no outro, nem depois; e assim foi durante cinco dias. Dentro de casa, sem comer e sem beber, estava definhando. Mesmo assim, talvez por orgulho, não contava a ninguém sobre os meus problemas. Sem dinheiro, com dívidas e com fome, pensei até mesmo em tirar minha própria vida. Sem coragem para isso, fui até o meu *home office*, dobrei os joelhos no chão e disse: "Deus, me mate!". Assim que terminei de dizer essas palavras, ouvi um barulho na porta da frente de casa. Levantei devagar e fui até lá, cambaleante, apoiando-me nas paredes para não cair. Quando abri a porta, deparei-me com um menino do lado de fora:

— Lucas, você não vai acreditar, mas eu estava em casa, assistindo televisão e, de repente, ela desligou sozinha. Ouvi uma voz que me disse para vir aqui, na casa do servo d'Ele, Lucas, trazer duzentos reais.

Só conseguia pensar: "Eu acredito! Eu acredito!".

O menino enfiou a mão no bolso e retirou algumas notas dobradas. Agarrei o dinheiro tão rápido que quase arranquei o braço do garoto junto. Não dava para pagar as dívidas, mas era o suficiente para comprar o alimento. Dei um abraço apertado nele e apenas disse "obrigado". Não havia muito mais o que dizer.

•

Os dias se passavam e eu permanecia sem muita perspectiva de melhora. "Por acaso", um amigo de Manaus, Fábio, produtor de um canal famoso de televisão, ligou-me repentinamente. Ele gostaria de compartilhar minha história nas redes sociais, mas antes precisava da minha autorização. Disse que não teria nenhum problema e ele ficou de me avisar quando a publicação fosse postada. Pensei que aquilo demoraria, afinal, trabalhando em uma emissora, ele deveria ser muito ocupado. Porém, diferentemente da minha expectativa, a postagem foi feita logo no dia seguinte, falando algo como: "Esse menino é um milagre. Foi curado do câncer. E se você não acredita que Deus faz maravilhas, ligue para ele". Junto à mensagem, havia uma foto minha, muito impactante, em uma das fases mais acentuadas da doença. No final, ele também acrescentou meu telefone particular.

 Em cinco horas, a publicação no Facebook alcançou mais de dezesseis milhões de pessoas. Só naquele dia, recebi mais de oitenta mil mensagens no WhatsApp. Meu telefone tocava sem parar, uma ligação atrás da outra. Pessoas do mundo inteiro me ligavam e enviavam mensagens, todas querendo saber do meu testemunho. Depois de sofrer, por mais de um ano, as dores da solidão, das dívidas e da fome, do dia para a noite, a minha agenda se esgotou com datas para os dois anos seguintes. Em pouco tempo, já estava fazendo palestras novamente, em eventos que chegavam a comportar cinquenta mil pessoas.

 Na hora mais difícil, Deus mudou a minha vida. Fez-me superar a dor e ver acontecer aquilo que Ele havia prometido. Quando Deus nos permite entrar em um vale ou em um deserto, é porque quer nos ensinar algo. Quando pensei estar sozinho, Deus sempre esteve presente, cuidando de mim. No momento em que eu e você compreendemos essa verdade e a guardamos em nossos corações, nada mais se torna impossível.

 Não existe nada melhor do que entendermos nossa identidade no Pai e desfrutarmos de todas as bênçãos que Ele nos preparou.

Reflita se é dessa forma que você tem vivido. Pergunte-se: "Será que tenho deixado o Senhor me carregar no colo ou tentado andar com as próprias pernas? O que tem me impedido de viver a plenitude do que Deus planejou para mim?".

CAPÍTULO 12

DEPENDÊNCIA OU MORTE

O Brasil como conhecemos, um país de dimensões continentais situado na América do Sul, pode ser considerado um bebê em relação à História e legado de nações europeias, africanas ou asiáticas. Mesmo com sua "pouca idade", nossa terra "vermelha como brasa" [significado de seu nome][1] possuiu vários episódios marcantes no decorrer dos séculos, sendo sua independência um dos mais lembrados. Mesmo que você já tenha saído da escola há algum tempo, deve se lembrar do famoso grito que deu origem a esse momento histórico, dado por D. Pedro I: "Independência ou Morte!".[2]

---

[1] **Brasil vem de 'vermelho como brasa'? Mapa global identifica origens dos nomes dos países.** Publicado por BBC News (Brasil) em 27 de maio de 2018. Disponível em *https://www.bbc.com/portuguese/geral-44109810*. Acesso em agosto de 2020.
[2] LUSTOSA, Isabel. **D. Pedro I**. São Paulo: Companhia das Letras, 2007.

É claro que algumas vitórias ainda precisavam ser obtidas após essa declaração, mas podemos dizer que, a partir daquele instante, um ultimato foi estabelecido: ou o Brasil era livre para ser uma nação independente ou não haveria outro caminho senão lutar até à morte. Se nos dias atuais podemos fazer diversas reflexões acerca de acontecimentos como esse, com certeza um dos principais fatores foi essa decisão tomada há tantos anos.

Inclusive, quando tiramos um tempo para refletir sobre questões assim, percebemos o peso que há por trás de cada palavra. Afinal, são poucas as causas pelas quais estamos realmente dispostos a entregar nossas vidas sem nos importarmos com as consequências. O que, talvez, difira grande parte das nossas motivações da atitude tomada por D. Pedro I às margens do Rio Ipiranga seja o resultado. Em outras palavras, como pessoas que entendem a necessidade dos processos e da ressignificação, buscamos cada vez mais por dependência, e não o contrário.

Enquanto pessoas mundo afora procuram desesperadamente formas de se emancipar de todo tipo de sistema, tomamos, todos os dias, decisões que caminham na direção oposta. Nesse sentido, quando olhamos para essa situação por uma perspectiva que não está ligada à vontade de Deus, podemos pensar que estamos sendo tolos ou que estamos fazendo uma escolha ruim. Mas eu garanto a você: não há melhor alternativa do que o caminho da dependência. Até porque, somente por meio dela somos verdadeiramente livres.

Ainda falando sobre essas duas extremidades, percebemos que o que está em jogo não é simplesmente a escolha entre escravidão e liberdade, mas sim vida e morte. Assim sendo, entendemos que, nesse caso específico, o inverso de independência não é o aprisionamento, mas a perda de nossa vida. Antes que essa discussão fique complexa demais, é preciso estabelecer o que seriam esses dois fatores em nossa caminhada rumo ao aprimoramento.

DEPENDÊNCIA

A palavra "dependência" possui uma série de interpretações, podendo ser eles positivos e negativos conforme nossa intenção ao empregá-la. Em geral, associamos seu sentido à condição de alguém subordinado à outra pessoa ou mesmo sujeito às suas decisões, como se todos os seus passos dependessem dessa aprovação. Também podemos estar nos referindo a um indivíduo que necessita de algum auxílio governamental para sobreviver, seja ele financeiro ou alimentício. Outra situação de dependência é daqueles viciados em algum tipo de droga ou medicamento, chegando a níveis elevados de abstinência caso não consumam aquela substância em especial.

Como um exemplo, em momentos de ansiedade algumas pessoas acabam comendo de forma descontrolada, principalmente alimentos que contêm teor de açúcar mais elevado, pois o açúcar gera uma sensação momentânea de prazer, satisfazendo uma necessidade. Quando não nos atentamos a esses momentos de má alimentação, adquirimos dependência desses alimentos para amenizar o estresse ou a tristeza.[3]

Naturalmente, fazemos coisas das quais não percebemos, e que estão gerando certa dependência no nosso cotidiano, como é o caso das famosas notificações no celular. É muito engraçado como, sempre que recebemos uma, automaticamente queremos saber quem nos marcou em alguma publicação ou comentou algo que postamos. Reflita se você não está nesse grupo de pessoas que, ao acordar, sem pensar duas vezes, pega o celular e já começa a enviar mensagens aos amigos, verificando também o que as pessoas postaram ou estão comentando na *internet*.

À vista disso, tanto a dependência de alimentos ou das redes sociais são tão prejudiciais ao nosso corpo quanto os vícios mais pesados, como o álcool e a cocaína, pois acabam agindo na mesma região do cérebro que é responsável pelo prazer.[4] Ainda

---

[3] **10 alimentos que são tão viciantes quanto drogas**. Publicado por Hospital Santa Maria em 10 de setembro de 2018. Disponível em *https://hsmaria.com.br/noticias/10-alimentos-que-sao-tao-viciantes-quanto-drogas,46807*. Acesso em setembro de 2020.

[4] **Sistema de recompensa cerebral ou sistema límbico – o centro das emoções**. Publicado por Universidade Federal de São João del-Rei em 19 de maio de 2016. Disponível em *https://ufsj.edu.br/rodavida/sistema_de_recompensa_cerebral.php*. Acesso em setembro de 2020.

que as consequências de cada um deles sejam diferentes, que, no caso dos alimentos, levam à obesidade, ou a do celular, acarretando certa falta de foco, a origem desses comportamentos gera uma má dependência.

Em contrapartida, precisamos deixar claro que, assim como existem esses péssimos exemplos de dependência, também há "o outro lado da moeda". Ou melhor, um tipo de dependência que não nos escraviza, mas nos conduz ao caminho da liberdade. Você deve estar achando que isso é contraditório, mas não é, pois os benefícios da dependência a Deus são reais. O ato de obedecer e ser totalmente dependente do Senhor gera em nós um senso de direção no qual somos introduzidos a uma nova realidade de plenitude n'Ele. Isso não quer dizer que as dificuldades deixarão de existir, mas a partir desse passo de entrega a Ele, seremos guiados durante toda a nossa trajetória; e ainda que algo aconteça, o Senhor nos dará o escape durante a tribulação.

Um belo exemplo disso é a vida do apóstolo Paulo, que experimentou diversas situações em que somente a mão de Deus poderia livrá-lo. Num desses episódios, ao ser enviado cativo à Itália, a embarcação na qual ele estava naufragou. Muitos dos que estavam a bordo não sabiam nadar, e ele, mesmo preso, passou a liderar aqueles homens. Graças a um sonho que teve na noite anterior sobre o que aconteceria, Paulo pôde conduzir aquelas pessoas para a salvação, o que também demandou certa dependência e humildade por parte deles (cf. Atos 27.27-44).

Através dessa e tantas outras histórias, percebemos como, de fato, enquanto estamos na Terra, não nos vemos livres das tempestades; porém, no meio delas, o Senhor dará o escape, basta que confiemos nas Suas palavras. É justamente enquanto O obedecemos e confiamos n'Ele, que seremos guiados até à margem da praia. Paulo e toda aquela tripulação conseguiram finalizar sua viagem à Itália, e conosco não será diferente, independentemente do caminho que estejamos trilhando. Tenha em mente que Deus não dará prova maior do que podemos suportar (cf. 1 Coríntios 10.13). Ele não vai enviar um frio maior do que o nosso cobertor possa nos aquecer, e sempre haverá saída, por mais que você não enxergue a luz no fim do túnel. Assim como o Senhor cuidou de Paulo, Ele cuida de cada um de nós como um pastor cuida de seu rebanho.

Em algum momento você já deve ter escutado alguém dizer que nós somos as ovelhas e Jesus é o nosso pastor (cf. João 10.14-15). Ouvi uma história, pouco tempo atrás, sobre um pastor que cuidava de aproximadamente cento e vinte ovelhas. Um dia, ele notou que havia uma ovelha que estava afastando-se do rebanho e que aquele comportamento poderia indicar algo ruim. Poucas pessoas sabem disso, mas as ovelhas, quando estão com alguma dificuldade ou doença, costumam buscar o isolamento.[5] Quando o pastor foi verificar o que estava acontecendo com o animal, confirmou suas suspeitas. Ao aproximar-se da ovelha, pôde notar algumas moscas na parte superior do animal, concluindo que havia ali uma ferida aberta. Naquela situação, a ovelha poderia falecer em poucos dias, caso não fosse tratada com urgência. Sendo assim, o pastor logo começou a limpar o ferimento com bálsamo, fechou-o com alguns pontos e cobriu toda a região afetada com um pano. Dias depois, a ovelha estava curada e juntava-se ao rebanho novamente.

Assim como aquela ovelha, que dependia do pastor para sobreviver, nós somos dependentes de Deus, não somente para sermos abençoados e desfrutarmos de coisas boas por aqui, mas também para sermos tratados e curados por Ele. No início, esses processos podem ser dolorosos, porém o resultado sempre será satisfatório. Com isso, entendemos que somos, além de ovelhas do seu rebanho, filhos com identidade e propósitos alinhados à Sua vontade, e nem mesmo a morte pode nos separar desse cuidado.

---

[5] GLOBO RURAL. **Criador explica como tratar ovelhas com problemas na pele e nos olhos**. 2013. (3m10). Disponível em *https:// globoplay.globo.com/v/2690991/*. Acesso em setembro de 2020.

MORTE

Todos sabemos que a morte é, em tese, algo natural e vem para cada um de nós nos momentos mais inesperados. Ainda assim, quando nos deparamos com ela, entramos em choque e não sabemos como reagir, pois todo o nosso corpo acaba sendo atingido pela a perda, resultando na alteração de nossas emoções e, com isso, entramos na fase do luto.

Pode parecer óbvio, mas o conceito de morte é a ausência da vida, e perceba que a morte pode referir-se não só a uma pessoa, mas também a um sonho, um objeto ou até à fé. Na mesma intensidade que aquela ovelha machucada, ao se isolar do rebanho, poderia ter morrido em poucos dias longe de seu pastor, nós também estamos suscetíveis à morte, em especial, àquela que afeta o nosso espírito. Ao nos afastarmos de Deus, dúvidas são geradas a respeito daquilo que somos n'Ele e do que Ele é capaz de fazer através de nós, levando à perda dos propósitos que o Senhor nos designou. Cada passo que damos nessa direção, ficamos mais próximos do abismo e mais distantes do Detentor da vida.

Um exemplo de alguém que se afastou do Senhor foi Saul, que iniciou sua jornada sendo tomado pelo Espírito de Deus e profetizando; mas, no decorrer de seu reinado, teve várias atitudes contrárias à vontade de Deus. Israel, até então, não havia sido governada por um rei, e, contemplando a realidade dos povos ao redor, desejou possuir igualmente um governante real. O escolhido foi Saul, sendo ungido pelo profeta Samuel para tornar-se o primeiro rei daquele povo. Ele obteve algumas vitórias contra os amalequitas, aliviando Israel da opressão inimiga, todavia, em uma de suas batalhas, Saul recebe a ordem de Samuel para exterminar todos os adversários bem como seus animais e posses. Em vez de cumprir esse desígnio divino, já que o Senhor os havia entregado em suas mãos, Saul poupou a vida do rei amalequita, e ainda decidiu fazer por si só sacrifícios a Deus, ignorando a presença de um sacerdote para tanto. A atitude dele fez o próprio Samuel ficar enfurecido e questioná-lo:

> Samuel, porém, respondeu: "Acaso tem o Senhor tanto prazer em holocaustos e em sacrifícios quanto em que se obedeça à sua palavra? A obediência é melhor do que o sacrifício, e a submissão é melhor do que a gordura de carneiros".
> (1 Samuel 15.22)

Passado algum tempo, o profeta foi conduzido pelo Senhor até à casa de Jessé, onde ungiu Davi como o novo rei de Israel. Perceba que quando não confiamos no Senhor isso gera morte de nossos propósitos, sonhos e projetos. O rei Saul confiou em Deus até o momento em que lhe achou viável, porém acabou totalmente surdo à voz do Senhor e ainda atormentado por seres malignos algum tempo depois. Nesse caso específico, sua morte interna simbolizava muito mais que uma mera cegueira espiritual, mas um reflexo direto do comportamento do próprio povo, que também estava distante do Criador.

E não existe apenas esse tipo de morte, mas brechas como as de Saul podem ser a porta de entrada para que esse mal atinja, também, nossos relacionamentos familiares, conjugais ou entre amigos. Podemos classificá-la como a morte emocional, na qual um indivíduo projeta suas expectativas de forma exagerada em outra pessoa, que consequentemente não será suprida, gerando então um desequilíbrio.

Acredito que você conheça ao menos um casal que não consegue ficar longe um do outro sem mandar mensagens, querendo saber onde o outro está, o que está fazendo ou quando vão se encontrar novamente. Esse comportamento é muito comum no início de quase todos os relacionamentos, porém chega uma fase em que isso precisa ser avaliado. Caso ambos não consigam fazer qualquer tarefa sem estarem próximos, pode ser que algum tipo de descontrole esteja começando a tomar conta da situação.

Ao substituirmos Deus do centro de nossas vidas e colocarmos nossos pais, filhos, ou o namoro, demonstramos que o Senhor não é capaz de suprir a lacuna emocional de nossas vidas, e isso nos leva em direção à morte.

Outro exemplo bíblico que ilustra o que estamos falando é a vida Sansão, que possuía um propósito específico em sua vida desde o nascimento. Como nazireu[6], ele era separado e seguia uma série de mandamentos para que honrasse sua posição como juiz e ferramenta do Senhor para Seu povo. No entanto, Sansão não perdia a oportunidade de ser levado por impulsos; e Dalila, uma bela moça filisteia, agravou ainda mais a sua situação.

É bem possível que você conheça o desfecho trágico da vida desse homem de Deus, terminando seus dias acorrentando diante dos seus inimigos, cego e humilhado. Por isso, é tão importante estarmos atentos àquilo que nos rodeia, pois a "morte" pode aparecer de uma hora para outra, sorrateiramente. Sendo assim, precisamos identificar qual a origem dessa influência maligna antes que o pior aconteça. Apesar de certas escolhas levarem ao fim literal de nossas vidas, a maioria das "mortes" está diretamente associada à nossa falta de confiança no Senhor.

Quantas pessoas iniciaram projetos que tinham tudo para dar certo, colocaram o tão esperado sonho no papel para realizá-lo, mas, no meio da jornada, não conseguiram entregar tudo a Deus? Nós oramos, buscamos ao Senhor por uma direção, começamos a dar os primeiros passos e quando tudo está aparentemente

---

[6] Em Números 6, o Senhor explica a Moisés a respeito do voto de nazireu, em que um homem ou uma mulher se separava para o Senhor, abstendo-se de vinho e qualquer bebida fermentada. Durante o período do voto, a pessoa não poderia cortar o cabelo nem se aproximar de um cadáver, pois estaria exposta a contaminações.

fluindo, tomamos as rédeas das mãos do Pai e dizemos: "Deus, até aqui o Senhor me conduziu, agora pode deixar comigo". Ao projetar nossa confiança n'Ele, devemos ter a consciência de que Ele está no controle de tudo, ainda que para nós seja difícil caminhar nesse terreno onde o chão não pode ser visto.

Se em algum momento você já se aproximou de uma árvore para comer do seu fruto, seja uma mangueira, amoreira, jabuticabeira ou qualquer outra fruta, sabe quão frustrante é não encontrar nada em meio aos galhos. É algo que não faz sentido, já que o propósito dela é produzir fruto. Foi justamente o que Jesus ensinou aos discípulos quando disse:

> Eu sou a videira verdadeira, e meu Pai é o agricultor. Todo ramo que, estando em mim, não dá fruto, ele corta; e todo que dá fruto ele poda, para que dê mais fruto ainda. (João 15.1-2)

Esse paralelo que Cristo faz nos mostra que, enquanto estamos longe d'Ele, somos incapazes de produzir qualquer tipo de resultado, e por isso seremos cortados. Por outro lado, quando estamos ligados à Videira verdadeira, automaticamente damos frutos e saímos de um estado de morte para a vida.

A MORTE QUE LEVA À VIDA

Quando minha mãe adoeceu e veio a falecer, nada fazia sentido. A minha própria vida parecia ter se esvaído e a dor era tão alucinante que eu podia senti-la quase que fisicamente. Depois de passar a infância sem ser reconhecido pelo meu pai e enfrentar uma doença grave na adolescência, fui finalmente curado. No entanto, no momento em que as coisas pareciam ter se acertado, quando pensava estar caminhando em direção a um novo futuro, perdi o chão. Era estranho pensar que eu estava entrando novamente naquele ciclo. A ausência da Silvia deixou um vazio e então veio o golpe da queda em um vale profundo, que me deixou sem sentido para continuar vivendo. O que me consolava era saber que a Silvia estava em um lugar muito melhor ao que estamos hoje.

O processo de ressignificação nos leva a enxergar esse novo sentido de cada situação, e juntamente com a fé estamos respaldados por Deus. Confesso que tudo o que passei me fez confiar ainda mais no Senhor, fez-me crescer como pessoa; e, por mais doloroso que tenha sido, consigo enxergar que Ele esteve direcionando todas as coisas. Na ocasião em que estava doente e quase morrendo fisicamente, Deus me trouxe vida. Quando minha mãe se foi e não havia mais esperanças em meu coração, Ele me colocou no eixo e trouxe paz. O que estou querendo dizer aqui é justamente que onde você está enxergando morte, o Senhor tem o poder de trazer vida; nós só precisamos confiar n'Ele.

Sei que isso pode soar muito contraditório, mas à medida que aprendemos a depositar nossa confiança no Pai, passamos a entender que a morte humana jamais poderá nos afastar dos propósitos que Deus tem para nós. Ele nos traz uma definição totalmente nova para a vida, invertendo toda a ordem que julgávamos conhecer. Em seu livro, Reino Inabalável, Teófilo Hayashi afirma que: "No Reino dos Céus, a autoridade só é conquistada depois da nossa morte através da morte do Rei".[7]

Perceba que, a partir do momento em que morremos para as nossas vontades, passamos a viver em plenitude. Não consigo recordar-me de algum filme de guerra no qual o exército inimigo atira em soldados que já estão mortos. De forma figurativa, nós estamos nessa guerra, porém, quando nos submetemos a Cristo, estamos mortos para nossa raiz pecaminosa e vivificados por Ele, e, assim, nosso Inimigo não pode nos atingir.

Veja a ressignificação que Donald Gray Barnhouse, um pregador cristão norte-americano, teve ao explicar para os filhos o que acontecera com a mãe deles, que morrera de câncer. No caminho para o funeral da esposa, em uma autoestrada, um caminhão passou próximo de seu carro deixando uma grande sombra cobrir todo o veículo em que estavam. Gray então pergunta aos filhos se era melhor ser atropelado por um caminhão ou pela sombra dele. Rapidamente, seu filho de 11 anos responde: "Pela sombra do caminhão". Foi quando o pai dos meninos explicou que foi exatamente o que

---

[7] HAYASHI, Teófilo. **O reino inabalável**. São Paulo: Quatro Ventos, 2018.

acontecera com a mãe deles. A morte não alcançou a vida dela, apenas a sombra da morte, pois na cruz, Jesus havia sido "atropelado" por amor à vida dela e de toda a humanidade.[8]

Sabemos, com certeza, que não temos o controle do mundo em que vivemos, dessa forma, aprendemos a nos submeter à vontade do Pai e dependermos apenas d'Ele. Quando me entrei no vale, não esperava que fosse tão duro atravessá-lo, mas foi a maior lição de autoconhecimento que tive, de forma que fortaleci a minha capacidade de continuar, de confiar cada vez mais em Deus. Reconheci o quanto sou vulnerável, mas, ao mesmo tempo, pude encontrar o meu lado mais forte, o que humildemente se ajoelha, pede e sabe aceitar a ajuda que lhe chega. O Senhor tem me ensinado, todos os dias, a colocar minhas fraquezas em Suas mãos a partir da humildade.

Como resultado, quando eu e você agimos assim, nós nos tornamos gratos e percebemos que tudo o que aconteceu contribuiu para que fôssemos fortalecidos e evoluíssemos na construção da nossa identidade. Desse modo, podemos impactar milhares de pessoas a partir do nosso testemunho.

---

[8] KELLER, Timothy. **On death**. Nova Iorque: Penguim Books, 2020.

CAPÍTULO 13

SUPERAÇÃO: O INSTITUTO SILDER

Certo dia, recebi o convite de um amigo para visitá-lo. Muitas pessoas estariam reunidas em sua casa para ouvir um rapaz que eu ainda não conhecia, o Arthur. Ele era do Rio de Janeiro e, segundo meu amigo, possuía um dom de revelação extraordinário. Durante a reunião, enquanto todos estavam conversando, esse rapaz, repentinamente, levantou-se e foi até mim. Colocou a mão em minha cabeça e começou a falar: "Filho, você passou por muitos dias difíceis; ficou até sem ter o que comer em casa. Mas em todos esses dias estive contigo, e o mantive em Meu colo. Hoje, vou entregar a você algo que poucos neste mundo terão, e tudo isso acontecerá depois que assinar alguns papéis. Existe uma sala, uma mesa retangular e alguns papéis para que você assine. A partir daí, você mudará a vida de muitas famílias. Eu vou honrá-lo e soprar o seu nome no mundo inteiro".

Levei um susto com tudo aquilo, pois ele não me conhecia e, mesmo assim, falou dos problemas que eu havia enfrentado há tão pouco tempo. Recebi todas aquelas palavras e as guardei comigo.

Algumas semanas depois, ao acordar, senti uma coisa forte no coração e um pensamento que invadia minha mente. Por incrível que pareça, eram palavras que se alinhavam com a profecia que havia recebido dias atrás: "Filho, vou dar a você um instituto. Você cuidará de crianças com câncer". Minha primeira reação ao sentir aquele impulso foi pensar na burocracia que um projeto assim envolvia, nos documentos necessários, na organização e como aquelas coisas pareciam distantes da minha realidade. No fim, me acalmei: "Não vou me preocupar. Se for da vontade de Deus que tudo isso ocorra, então acontecerá!".

Até então, nunca havia pensado na possibilidade de ter uma entidade que ajudasse pessoas a enfrentar a mesma doença contra a qual lutei. Eu sempre ajudei crianças e adolescentes com câncer, levando alimentos e conversando com elas, mas de maneira muito informal. No entanto, de uma hora para outra, sem que eu nem mesmo procurasse, a materialização das promessas que o Senhor havia liberado durante toda a minha vida estavam se concretizando – e mais rápido do que eu imaginava.

Após dois dias, recebi a ligação de um rapaz que residia em Sapiranga, uma cidade próxima à minha. Ele dizia saber da minha história e do grande projeto que Deus havia me confiado. Ao fim da nossa conversa, ele perguntou se eu precisava de alguma coisa e me senti à vontade para contar sobre o instituto. Falei sobre a minha empolgação com aquele projeto e como não fazia ideia de como tirá-lo do papel ou quanto isso custaria. Do outro lado da linha, o rapaz disse: "Fique em paz, eu vou cuidar de tudo para você".

Mesmo sem recursos financeiros, as águas começaram a se movimentar. Tudo foi acontecendo de maneira natural e muito linda. Entre tantos milagres, apareceu uma moça que havia feito uma campanha na *internet* com o intuito de ajudar sua filha que estava doente. Infelizmente, a menina não resistiu à enfermidade e acabou falecendo. Tocada por nossa história, a mãe pegou parte do valor arrecadado e nos fez uma doação. Era o recurso necessário para darmos os primeiros passos para a construção da nossa sede.

Não demorou muito e já estávamos idealizando os primeiros esboços do que seria o instituto e pensando em alguns nomes para ele. O nome que me veio à mente foi "Silder", uma homenagem à minha mãe: "Sil", de Silvia, e "der", do final do sobrenome de nossa família, Sander. Meu desejo era transformar o sacrifício dela em bênçãos para todas as pessoas que passassem por nós. Mais do que isso, queria gerar vida em um momento que é visto apenas como sinônimo de dor, sofrimento e morte. Quando venci o câncer, a minha história gerou vida através das palestras, e eu sonhava que o mesmo acontecesse com outros. Da mesma forma, a morte da Silvia foi só o começo de uma nova etapa, a fonte de inspiração para um projeto que impactaria a vida de muitos.

Em meio aos planejamentos, recebi um convite para ir à cidade de Tapera, um município do meu estado. Um amigo de Brasília, impossibilitado de ir a um congresso marcado nesse local, indicou-me para substituí-lo. No decorrer do evento, enquanto ministrava minha palestra, percebi uma moça no meio do público. Estava sentada em uma das fileiras com uma camisa vermelha muito chamativa. Ela sorria e também se emocionava com a minha história. Aquele sorriso chamou minha atenção. No final do evento, ela foi ao palco junto com um grupo grande de senhoras, que me pediram para tirar uma foto. Mesmo assim, não tivemos a oportunidade de conversar.

Coincidentemente, um dos tios dessa moça, o Marcos, convidou-me para ir à sua casa e fazer uma oração por seu filho, que teve uma paralisia e ficou deficiente. No dia seguinte, quando cheguei à sua residência, encontrei a menina do sorriso bonito sentada no sofá da sala. Cumprimentei todas as pessoas presentes, orei pelo menino e, em menos de cinco minutos, quando já estava indo embora, tomei a iniciativa. Falei com a moça rapidamente e trocamos contatos – nada demais. Isso aconteceu em março de 2017.

Três meses depois, no dia 4 de junho, recebi uma notificação do Facebook indicando que era o aniversário dela. Resolvi chamá-la para dar os parabéns e fiquei surpreso ao perceber que ela havia me respondido. Começamos a conversar e assim ficamos por horas, madrugada a fora. Muito tempo depois, ela me contou sobre suas memórias daquele dia, como havia chovido muito, e como, também, ninguém lhe dera os parabéns. Quando viu a minha mensagem, ela ficou feliz e se lembrou de um pedido que havia feito a Deus: que até o seu aniversário, Ele "desse um jeito" na sua vida. Ela achava que precisava estar com alguém especial, e, naquela noite, o Senhor havia dado um *start* nessa mudança.

Antes que nosso papo terminasse, marcamos uma data para nos conhecermos. No dia 17 de junho de 2017, eu e Eliza começamos a namorar. Como expressar a afinidade que encontramos um no outro? Só a mão de Deus poderia explicar o nosso encontro. Dois meses depois, no dia 25 de agosto, casamo-nos no civil e decidimos realizar o religioso no final do ano. Por que esperar se já havia acontecido tantas coisas na minha vida?

Após o casamento civil, começamos a nutrir o sonho de ter nossa lua de mel em Paris, mas, na época, não tínhamos condições de fazer uma viagem dessas, ainda mais com o Instituto Silder dando os primeiros passos. Por isso, decidimos que, enquanto não nos casássemos no religioso, cada um ficaria na sua própria casa. O que eu não esperava era receber vários convites para fazer algumas palestras em diversos países da Europa. Deus nos presenteou com a realização de um desejo que parecia tão distante, e caprichou nos mínimos detalhes. Meu único gasto foi uma passagem a mais para ela e, num piscar de olhos, estávamos na França.

Mesmo que pareça algo pequeno, Deus sempre será fiel, até mesmo nas coisas que normalmente deixaríamos de lado. Ele é assim, nunca se esquece dos nossos sonhos. O Seu maior prazer é nos abençoar. Até mesmo a família que eu pensava ter perdido, o Senhor restituiu. Os pais da minha esposa se tornaram pais para mim. Minha sogra cuida de mim como se fosse minha própria mãe. Sou um homem feliz, com uma esposa que trabalha comigo e me acompanha em todos os desafios. Recebi muito mais do que havia pedido.

Em 13 de setembro de 2017, o Instituto Silder foi finalmente fundado, na mesma data de aniversário da minha mãe. Através do trabalho do instituto, temos alcançado um número cada vez maior de pessoas. Prestamos apoio para crianças com câncer, desde alimentação, com cestas básicas, até produtos de higiene, roupas e calçados. O Silder também possui atendimento profissional em várias áreas, começando pelos psicólogos, que amparam todos os membros da família, pois a doença não atinge apenas a criança, mas afeta toda a estrutura familiar. Fisioterapeutas trabalham diretamente com as vítimas, enquanto profissionais jurídicos oferecem aconselhamento, orientando sobre os direitos que os pacientes possuem. Também fazemos o apoio hospitalar, contatando clínicas de referência e agilizando os processos envolvidos no tratamento, a fim de que as crianças não fiquem por muito tempo na fila de espera.

No futuro, nosso maior sonho é construir um hospital modelo no tratamento de crianças e adolescentes com câncer. Estamos pesquisando muito sobre formas de realizar esse projeto, espelhando-nos em exemplos dos Estados Unidos e da Europa. A ideia é concretizar tudo nos próximos vinte ou trinta anos. Sei que se depender de mim, as coisas não acontecerão, mas confio no Deus que fez o impossível desde o meu primeiro suspiro.

Não devemos dar desculpas, mas reconhecer nossos erros, corrigi-los e, assim, partir para uma nova fase. Quem não possui a inteligência de reconhecer as falhas nunca chegará a degraus elevados de crescimento. Fossem boas ou ruins, sempre utilizei todas as minhas experiências a meu favor para me tornar um ser humano melhor. Tudo pelo que passei foi uma escola, um momento de crescimento.

Eu tinha tudo para desistir da minha existência. No entanto, aceitei a minha luta, e não me fiz de vítima; não afundei nem cavei um poço para me esconder. Peguei a minha dificuldade e fiz dela um trampolim para poder voar, um pódio para subir e levar comigo outras pessoas.

O que você pode fazer para transformar suas experiências negativas em aprendizado? A partir desses novos conhecimentos, quais são os resultados que você espera alcançar?

_____

_____

_____

_____

_____

_____

_____

_____

_____

_____

_____

_____

_____

CAPÍTULO 14

CICLO ETERNO

Quantos de nós, ao final de cada ano, fazemos uma retrospectiva sobre todas as situações pelas quais passamos durante esse período? Partimos das coisas boas, como uma promoção no trabalho, a chegada de um filho, a compra do primeiro carro ou casa, e assim por diante. E, em paralelo, também fazemos um balanço dos acontecimentos que não foram tão agradáveis, como uma demissão, uma briga familiar que gerou uma divisão entre parentes, o falecimento de um ente querido e tantos outros problemas. Isso tudo geralmente é feito para avaliar os acertos e comemorá-los, mas também para observar os erros de forma que sejam trabalhados, para que não aconteçam novamente. Por meio dessa breve análise, consciente ou inconscientemente, começamos o planejamento das metas e objetivos da próxima temporada, um ciclo que se repete durante toda a vida.

No entanto, essa reflexão não serve apenas para estabelecer os passos seguintes, mas também para alinhar nosso foco com aquilo que almejamos. A partir do momento em que colocamos no papel essa trajetória, a visão daquilo que buscamos fica mais clara, dando--nos o combustível necessário para cumprirmos a corrida com êxito. Por outro lado, caso essas metas não estejam claras, podemos facilmente substituí-las por qualquer outra proposta que apareça no meio do caminho.

Esse tipo de comportamento fica muito claro se pensarmos naqueles programas de televisão em que o apresentador chama alguém para participar de um jogo de trocas. É bem provável que você já tenha assistido a algum desses. A pessoa entra em uma cabine e fica sem contato visual com os prêmios que estão disponíveis. Lá dentro, há um fone para isolá-la de qualquer ruído externo, e também uma luz vermelha indicando o momento de dizer "sim" ou "não" durante a negociação às escuras. Logo, o apresentador começa a fazer diversas propostas, como: "Você aceita um patinete?". O participante, baseado na intuição, diz "sim". Depois disso, o apresentador pergunta se ele quer trocar aquele patinete por um carro zero-quilômetro. Caso você esteja assistindo ao programa na hora, é natural gritar da sua casa: "Sim, troque, rápido!". Porém, quando a luz vermelha se acende, o participante diz um sonoro "não".

Apesar de, nesse exemplo, o programa ser focado apenas no entretenimento, existe um grande paralelo entre esse jogo e nossas vidas. Quando não temos uma noção clara de onde estamos e o lugar para onde devemos ir, a probabilidade é que também troquemos os maiores prêmios por um punhado de moedas sem valor. E isso não acontece só conosco, mas também, em toda a Bíblia, vemos algumas pessoas que se perderam ao longo do caminho. Um exemplo é o caso de Pedro, um dos discípulos de Jesus. Mesmo tendo andado com o Cristo, presenciado milagres sobrenaturais, curas, pessoas sendo libertas de opressões, e até escutado do próprio Jesus que a Igreja tomaria novas proporções a partir de um posicionamento dele (Mateus 16.18), em um momento de tensão e perigo, ao ser confrontado sobre ser um de Seus seguidores, Pedro negou o Mestre. Pior do que isso, ao ficar envergonhado com sua atitude, voltou ao estilo de vida que tinha antes.

Naquele momento, Pedro estava dizendo que preferia "o patinete em vez de um automóvel novinho", pois não havia clareza em seu coração a respeito de seu real propósito. E quantos de nós não caímos no mesmo erro, esquecendo-nos dos planos que traçamos antes de virem os desafios, e paralisamos no meio da jornada? O mais interessante disso tudo é que, no fundo, sabemos que deveríamos continuar persistindo.

Por outro lado, o maior modelo que temos nesse sentido é o próprio Jesus, que durante toda a Sua jornada, teve muita clareza a respeito do motivo pelo qual Ele viera até o nosso mundo. E isso é algo que vemos em cada momento de Sua vida aqui na Terra. Por exemplo, ao passar por quarenta dias de jejum no deserto, Satanás Lhe ofereceu comida com a intenção de frustrar Seu propósito de estar ali. No entanto, Jesus respondeu: "Está escrito: 'Nem só de pão viverá o homem, mas de toda palavra que procede da boca de Deus'" (Mateus 4.4). Mas as tentações não pararam por aí, o Diabo ainda ofereceu poder a Ele e tentou influenciá-lO a desafiar a proteção do Pai sobre a Sua vida, mas Cristo permaneceu firme em Suas convicções. Ainda assim, mesmo depois de algumas vitórias, não demorou até que novos momentos de angústia surgissem na vida de Jesus. Horas antes da crucificação, Ele foi ao Getsêmani orar ao Pai, expondo a ansiedade e a tristeza que estava em Seu coração, tendo em vista o grande sofrimento que se aproximava. Mas o surpreendente nessa história é que, ao Se colocar na presença de Deus, o Mestre não pediu outra coisa a não ser que a vontade soberana do Senhor fosse feita. Da mesma maneira, nós também teremos momentos em que vamos querer desistir e renunciar a tudo, porém, assim como Jesus seguiu firme no cumprimento de Seu propósito aqui na Terra, devemos nos esforçar para que a vontade de Deus se cumpra em nós. Por isso, tenha sempre em mente que aquilo que você está construindo hoje é a resposta de oração para a vida de outras pessoas amanhã, assim como Jesus foi para a humanidade.

No meu caso, decidi seguir o exemplo de Jesus e dizer "sim" ao que Deus estava me chamando para fazer, e também tive de perseverar, mesmo com muitas dificuldades. E inúmeras foram as vezes em que encontrei pessoas que me agradeceram por compartilhar meu testemunho ou até mesmo por ter acreditado no Instituto Silder. Homens e mulheres que estavam pensando em desistir de suas famílias, seus projetos e até mesmo da fé em Cristo, mas que, ao ouvirem tudo aquilo que o Senhor havia feito na minha vida, foram motivados novamente. Escutar os relatos de como as pessoas conseguiram ressignificar suas vidas me faz lembrar do motivo pelo qual estou aqui hoje, pois é justamente quando estou passando por um novo desafio, que me apego às palavras de Deus e também a tudo o que Ele já fez através de mim.

Dessa forma, esse processo de romper com as dificuldades é um constante aprendizado, que nos leva a crescer e amadurecer de forma que possamos suportar os novos desafios que surgirão. Um ciclo eterno que permanece ao longo de toda a vida, pautado pelo modo como lidamos com os problemas, que determina se estamos dando passos à frente ou recuando.

Nesse ciclo de avanços e recuos, percebemos que, em nosso cotidiano, constantemente precisamos tomar decisões e posicionamentos cruciais. Por exemplo, sabe quando você é levado a um nível de produtividade extrema no trabalho, que vai além daquilo que imaginou ser capaz de fazer, e, com isso, sua criatividade e sua habilidade de tomar decisões aumentam? É exatamente em períodos como esse que os romperes acontecem, pois as escolhas que, no passado, levavam semanas para ser tomadas, agora são resolvidas em poucos dias, pois houve um crescimento interno que gerou em você mais sensibilidade, discernimento e sabedoria.

Outro bom exemplo disso é quando chegamos em casa após um dia cansativo de trabalho e nos deparamos ainda com uma série de atividades que precisam ser feitas, tais como cuidar do cachorro, lavar a louça, limpar a casa, passar tempo com a família, trocar a resistência do chuveiro, pagar as contas, e por aí vai.

Olhando para um cenário como esse, nós temos duas opções: deixar todas essas coisas de lado e nos sentar no sofá para assistir a um bom filme enquanto jantamos, ou encarar com responsabilidade essa demanda de serviços e resolvê-la.

Com isso, não estou dizendo que não devemos incluir também um momento de descanso para nos energizarmos, com o intuito de estarmos prontos para o próximo dia. Pelo contrário, é durante o período de repouso que temos a chance de recompor nosso estado físico e psicológico, sem aquela pressão de ter de fazer ou resolver alguma coisa. Nesse sentido, recarregar as baterias é algo individual, cada pessoa tem a sua forma de fazer isso, seja lendo um livro, jogando *videogame*, assistindo ao seriado preferido, pode até ser produzindo alguma coisa artesanalmente, contanto que gere uma satisfação interna. Seja qual for a atividade, estaremos voltando ao "estado normal", ou melhor, experimentando o auge da resiliência.

Esse processo de recomposição é um conceito muito popular na física, e o físico Thomas Young foi um dos primeiros a abordá-lo. Durante seu estudo da relação entre tensão e deformação, notou que a resiliência é a capacidade de absorção de um determinado material, e o quão facilmente ele consegue voltar à forma original. Sabemos que alguns materiais, como o metal, quando sofrem um grande impacto, dificilmente conseguem retornar ao seu formato inicial. Porém, percebemos que outros objetos, até mesmo aqueles elásticos amarelos que geralmente usamos para enrolar o dinheiro, ao serem tensionados, podem até mudar a sua forma original, mas, a partir do momento em que essa tensão deixa de existir, são capazes de se recompor. Ou seja, a resiliência, na física, é definida como a capacidade de voltar à forma original quando não existe pressão.[1]

Em contrapartida, a psicologia define esse conceito de forma similar, mas mais relacionado às questões mentais. Nesse caso, analisa-se o quanto o ser humano é capaz de suportar pressão antes de sofrer algum dano psicopatológico irreversível. Em outras palavras, a psicologia estuda a "elasticidade" da mente humana.[2]

---

[1] BRANDÃO, Juliana Mendanha; MAHFOUD, Miguel; GIANORDOLI, Ingrid Faria. **A construção do conceito de resiliência em psicologia**: discutindo as origens. Ribeirão Preto: Paidéia, vol. 21 no. 49, 2011. Disponível em *https://www.scielo.br/scielo.php?pid=S0103-863X2011000200014&script=sci_arttext*. Acesso em outubro de 2020.
[2] *Ibid.*

A partir desses conceitos, devemos notar que a mudança e a adaptação às situações vão nos fazer sair de uma posição mais confortável em busca do novo. Para isso, precisamos ser resilientes para nos recuperarmos das adversidades e recomeçarmos quantas vezes forem necessárias até alcançarmos nossos objetivos. É importante termos em mente esses conceitos, pois constantemente seremos colocados sob tensão em nossas vidas. Sendo assim, nossa resposta diante de cenários tão variáveis determinará o quão forte nos tornamos. A Palavra de Deus também nos incentiva a crescermos nessa competência:

> Não só isso, mas também nos gloriamos nas tribulações, porque sabemos que a tribulação produz perseverança; a perseverança, um caráter aprovado; e o caráter aprovado, esperança. E a esperança não nos decepciona, porque Deus derramou seu amor em nossos corações, por meio do Espírito Santo que ele nos concedeu. (Romanos 5.3-5)

Perceba que devemos nos alegrar com as provas, pois são elas que nos fazem crescer como indivíduos, gerando perseverança, caráter e esperança não só em nós, mas também nas pessoas ao nosso redor. Os ciclos que teremos de enfrentar durante toda a vida são aqueles que nos mostram o quão dispostos estamos para alcançar um objetivo, seja uma formação acadêmica, um cargo profissional elevado, ou mesmo uma cura.

Esse combustível é a perseverança, que nos move e aponta para as nossas metas e sonhos.

Então, conforme alcançamos os objetivos, partimos para novos ciclos. E se existe algo que você precisa carregar consigo até suas últimas forças é essa consciência. Perceba que a vida é feita de inícios, meios e fins; porém, repleta de recomeços e novos propósitos.

Certamente, vivemos períodos que guardaremos em nosso coração para sempre, e outros que vamos preferir não recordar. Contudo, devemos aprender a não só passar por eles, mas a retirar todos os aprendizados que nos são oferecidos. Assim, é só quando concluímos plenamente uma etapa que Deus nos considera aptos a prosseguir para um novo nível e os desafios que vêm com ele. À medida que nos tornamos maduros e curados de nossas dores, nossas capacidades são fortalecidas, e somos levados a degraus cada vez mais altos.

Por outro lado, quando deixamos de abastecer o tanque para continuar em movimento, passamos a viver por inércia, que se define como uma resistência a alterações em seu estado.[3] A partir daí, somos levados por aquilo que, muitas vezes, nem concordamos ou acreditamos, pois a falta de combustível nos impede de ter o controle da direção. Assim, sem perceber, acabamos percorrendo caminhos muito distantes da vontade de Deus para nós.

---

[3] **O que é inércia?** Publicado por Universidade Federal de Santa Maria (UFSM) em 20 de fevereiro de 2020. Disponível em *https://www.ufsm. br/cursos/graduacao/santa-maria/fisica/2020/02/20/o-que-e-inercia/*. Acesso em outubro de 2020.

Felizmente, é possível percebermos isso a tempo de mudar. Uma pessoa que notou estar vivendo sua vida por inércia foi David Goggins, um norte-americano que serviu às Forças Armadas dos EUA e foi capaz de concluir os treinamentos de elite dos SEALs, dos RANGERS e da Força Aérea, três diferentes frentes do exército americano. Em seu livro *Can't hurt me* (Não podem me ferir)[4], David compartilha um pouco de sua trajetória e também alguns de seus conceitos que o motivaram a romper com seus próprios limites. Em um deles, Goggins diz que vivemos sob as sombras de nossos próprios "e se": "E se eu fizer, e não der certo?", "E se eu falhar no meio do caminho?", "E se nada acontecer?", entre muitos outros. Questionamentos como esses constantemente passavam por sua mente durante a juventude, principalmente por ter tido um pai violento, um *deficit* de aprendizado na escola – com um diagnóstico de atraso mental comparado ao de uma criança (quando ele já tinha 17 anos) – além de sofrer perseguição por vizinhos racistas. No entanto, contrariando todas as expectativas ruins, ele define esse tipo de situação com a seguinte frase: "Quanto mais esterco tiver em seu jardim, mais fértil será o solo".

Após ressignificar todos os traumas de sua infância, Goggins passou a estabelecer metas, e a forma como ele encontrou para lembrar-se delas foi colando

---

[4] GOGGINS, David. **Can't hurt me**. Texas (EUA): Lioncrest Publishing, 2018.

post-its em um dos espelhos de sua casa. Todas as vezes em que David passava por aqueles objetivos anotados, ele declarava que cada um deles seria cumprido e, olhando para o seu reflexo, acreditava que seria capaz de alcançá-los. Hoje, Goggins testemunha sobre sua história para outros soldados, provando que é possível vencer nos cenários mais caóticos.

A história de David Goggins nos mostra que os nossos maiores obstáculos são justamente as maiores oportunidades para vermos o agir de Deus em nossas vidas, ainda que durante o processo de ressignificação nós não tenhamos clareza do todo. Porém, o propósito final é maior do que imaginamos. Perceba que a forma como David lidou com os desafios foi declarando para si mesmo que seria capaz de cumprir suas metas.

Algo interessante sobre as metas é que algumas surgem por necessidade, outras por um desejo de nosso coração, mas existem aquelas que aparecem por conta do propósito de Deus. No meu caso, como já citei em um capítulo anterior, uma mulher foi usada pelo Senhor para me dizer que eu passaria pelo maior vale da minha vida antes que Ele me honrasse. Ou seja, foi necessário superar um obstáculo gigante para cumprir aquela meta que Deus havia colocado no meu destino. Por isso, devemos estar alinhados com os propósitos que Ele deseja realizar aqui na Terra através de nossas vidas, para não desistirmos no primeiro grande desafio.

Como no dia em que estive na casa de meu amigo, e um homem muito sensível ao Espírito Santo me disse exatamente o que eu acabara de viver: a fome, a escassez de recursos financeiros, a falta de trabalho, inclusive o meu desejo de querer morrer. Foi naquele momento em que o Senhor usou a vida dele para me falar a respeito do Instituto, e a partir dali, houve uma grande mudança em minha vida. Porém, eu não estaria habilitado para realizar esse sonho que nasceu primeiro no coração de Deus sem antes ter passado por todos aqueles processos.

Além disso, enquanto estive hospitalizado, conheci pessoas incríveis e que me permitiram fazer parte de suas histórias. Também fui guiado pelo Espírito Santo a orar por algumas delas que estavam em estado terminal, que nem se quer tinham esperança de um novo dia. E o fruto da obediência e da resiliência me mostrou que Ele opera além de nossa capacidade humana. É isso o que nos respalda durante o percurso, pois é justamente o *"post-it"* que nos recorda constantemente do motivo pelo qual demos os primeiros passos. Lembre-se de que, enquanto todos estão buscando por independência, nós buscamos a dependência de Deus, pois somente Aquele que nos criou sabe exatamente o que necessitamos e o que é mais importante em nossa jornada.

As pessoas que infelizmente não conseguem encontrar essa brecha para derrubar o marasmo passam a viver estagnadas vendo outros alcançarem seus objetivos. Isso, porque só conquistamos aquilo que almejamos quando ressignificamos as nossas dores e traumas, quando somos curados e entregamos tudo o que estamos fazendo para o Senhor. Eu não podia mudar a questão da morte de minha mãe, por exemplo, não havia como trazê-la de volta. Então, minha única opção era olhar para tudo aquilo com uma nova perspectiva. Não se tratava apenas de mudar algo dentro de mim e ressignificar a minha vida. O que realmente precisava era manter o meu coração alinhado com o Senhor, e certamente aquele e todos os meus demais sonhos iriam se concretizar e impactar a vida de outros.

Por isso, ainda que você olhe para sua vida e não encontre forças o suficiente para continuar prosseguindo, lembre-se de que a sua história é muito significativa. Ela representa quem você é, ou seja, sua identidade; e tudo o que passou o fez chegar até aqui. É isso que você tem nas mãos para trabalhar e ressignificar, gerando algo muito maior do que jamais poderia imaginar. Todas as dificuldades que passamos nos habilitam para, quando necessário, auxiliarmos as pessoas que estão vivendo situações similares às que passamos, de forma que possamos incentivá-las a continuarem mesmo com tantas dificuldades.

É algo imensurável imaginar as pessoas que foram tocadas desde muito antes da minha internação até aqueles que passaram pelos tratamentos no Instituto Silder, ou os que assistiram às palestras que dei e receberam essa dose de amor e graça da parte do Senhor. Eu creio que todos foram fortemente impactados da mesma forma que aconteceu comigo, podendo sentir o poder do amor de um Pai que se importa tanto conosco a ponto de nos convidar a participar de Sua grande família celestial.

Portanto, ressignifique todos os traumas que ocorreram no passado, prepare-se para os novos desafios, dependa de Deus em todas as situações e demonstre o amor d'Ele para com as pessoas que estão ao seu redor. E para isso, eu oro declarando sobre a sua vida o poder para permanecer dando um novo significado a todos os obstáculos que aparecerem em seu caminho:

> *Pai, eu oro para que todos os que concluíram esta leitura e foram tocados pelo Espírito Santo recebam uma nova porção do Teu amor e graça; também um novo olhar para as situações que estão enfrentando neste momento, de forma que possam ressignificar as dores, os traumas e todas as adversidades. Que, por meio de cada vale, cada um dos Teus filhos possa perseverar em orações e súplicas a Ti e se esforçar para romper com toda e qualquer paralisia, a fim de gerar testemunhos tão preciosos que outras pessoas sejam impactadas. Em nome de Jesus, amém!*

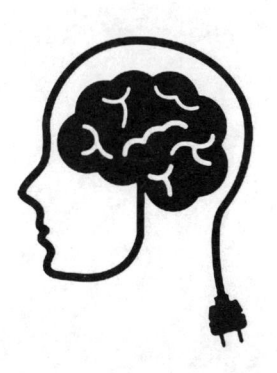

Este livro foi produzido em Adobe Garamond Pro 12 e
impresso pela Gráfica Promove sobre papel Pólen Soft 70g
para a Editora Quatro Ventos em novembro de 2020.